日语专业核心课程教材

中日跨文化交际实用教程（第二版）

编著◎张韶岩

理论扎实

趣味生动

讲练结合

華東理工大學出版社
·上海·

图书在版编目(CIP)数据

中日跨文化交际实用教程 / 张韶岩编著. —2版. —上海：华东理工大学出版社，2019.6（2025.8重印）
ISBN 978-7-5628-5820-1

Ⅰ. ①中… Ⅱ. ①张… Ⅲ. ①比较文化－中国、日本－教材－日文 Ⅳ. ①G04

中国版本图书馆CIP数据核字(2019)第107401号

项目统筹 / 朴美玲
责任编辑 / 朴美玲
装帧设计 / 戚亮轩
出版发行 / 华东理工大学出版社有限公司
地址：上海市梅陇路130号，200237
电话：021-64250306
网址：www.ecustpress.cn
邮箱：zongbianban@ecustpress.cn
印　　刷 / 上海展强印刷有限公司
开　　本 / 710mm × 1000mm　1 / 16
印　　张 / 14.5
字　　数 / 292千字
版　　次 / 2019年6月第2版
印　　次 / 2025年8月第7次
定　　价 / 35.00元

まえがき

近年、日本語教育においては、コミュニケーション能力の養成が目標とされ、会話特有の技術やストラテジー教育が重要視されるようになってきた。

2018年、《外国语言文学类教学质量国家标准》いわゆる「新国標」が公布された。

「新国標」では、“跨文化能力”（異文化コミュニケーション能力）について以下のように述べている。

“尊重世界文化多样性，具有跨文化同理心和批判性文化意识；掌握基本的跨文化研究理论知识和分析方法，理解中外文化的基本特点和异同；能对不同文化现象、文本和制品进行阐述和评价；能有效和恰当地进行跨文化沟通；能帮助不同文化背景的人士进行有效的跨文化沟通。”

（世界の多様な文化を尊重し、異文化に対する理解と判断ができる意識を持つ。異文化コミュニケーション分野の理論と分析方法を会得する。さらに中国と異文化間の基本的な特徴およびその類似点と相違点を理解する能力を養う。異なる文化現象、書籍および製品について解説したり、評価したりする能力を育てる。異文化を背景とする人達に対する効果的な交流を促進する能力を身につける。）

本書は、「新国標」の指導のもとで、2012年に出版した《中日跨文化交际实用教程》に加筆を施したものである。

修正後、本書は六つのタイプの部分が含まれている。

一、異文化コミュニケーションとは

二、中日間のコミュニケーション・ギャップ

三、異文化コミュニケーションのポライトネス

四、異文化コミュニケーションにおける聞き手の役割

五、異文化コミュニケーションの言語行動

六、異文化コミュニケーションの非言語行動

一では、文化の多様性や異文化受容態度など異文化間コミュニケーション分野の基本的な重要項目に触れて短く解説する。異文化の人との交流で取るべき態度を学ばせたい。

二では、異文化理解を深めようとする一環として、日本に滞在中の多くの中国人と中国に滞在中の日本人が異文化適応において抱えている問題を取り上げたい。

三では、語用論的な立場で、中日のポライトネスのストラテジーの相違点を解説する。

四では、聞き手の言語行動としての「あいづち」について解説する。コミュニケーション力は「話す力」と「聞く力」の2つで構成されている。「話す」は意識しがちだが、「聞く」ことも大切である。

五では、中日の「言語行動」のストラテジーの類似点と相違点に着目する。分析の対象となる言語行動は「あいさつ」「謝罪」「なぐさめ」「説得」「ほめ」「反対意見表明」「前置き言葉」「値切り交渉」である。いずれも実際のコミュニケーションを深く進める際によく行われる言語行為である。

六では、非言語コミュニケーションに焦点をあてて分析する。非言語コミュニケーションにも言葉と同じように慣習がある。たとえば、人差し指をまげたら、中国語で数字の9、日本語では泥棒の意味となってしまう。中日コミュニケーションの慣習を学習者に認識させることは大切である。

本書の各章に「観察・思考・分析をしてみよう」を追加した。中国人の日本語学習者の異文化意識を養成するだけでなく、異なる文化現象を解説したり評価したりする能力をも高めることを目的としている。

本書は、おもに中国と日本とのコミュニケーションに焦点を当てている。中国人と日本人がコミュニケーションする際に生ずる意思の疎通・理解の難しさといった問題点など検討することによって、異文化コミュニケーション能力の向上にすこしでも役立てばと思う。

本書をまとめるにあたって、数多くの優れた先行研究を参考にさせていただき、お礼を申し上げたいと思う。

本書の加筆修正中、中国海洋大学で教えられている島本知佳先生、中本靖子先生、友人の島田薫様に貴重なコメントをいただいて感謝の意を表したい。

目　次

一、異文化コミュニケーションとは

グローバル化社会では、旅行、留学、移民、出張、研究交流、海外勤務、外資系就職などさまざまな形態による異文化接触が多く行われている。

異なる社会や文化には、それに基づく慣習やルールがある。異文化接触は、新たな視点となる一方、相手国のルールを知ることは大切である。そうでないと、誤解されたり、カルチャー・ショックや葛藤が起こる。

異文化接触は、文化の多様性を理解したり、なにが異文化コミュニケーションに必要な態度なのかを考えるきっかけともなる。

異文化接触場面のコミュニケーションは、生活様式や社会的特徴が異なった環境で生まれ育った人同士が、情報、意思、思考、感情、知識などを受け取りあうこと、あるいは伝え合うことである。

異文化コミュニケーションの範囲は、ふつう国籍の異なる人々のコミュニケーションだと考えられがちであるが、そうとは限らない。年代や性別の異なる場合、出身地や職業などの異なる場合も考えられる。年代、性別、出身地、職業などの違いによって、その考え方や価値観が異なってくる。

コミュニケーションには言語的コミュニケーションと非言語的コミュニケーションがある。言語によるコミュニケーションが相互理解を深めるうえで大切な役割を果たしている。顔の表情、視線、ジェスチャーなど言語以外の手段も感情や意志を伝えている。これは非言語コミュニケーションである。日本語の「目は口ほどにものをいう」と中国語の「眼睛会说话」に示されているように、非言語コミュニケーションも重要な役割を示している。

一においては、多文化、異文化に目を向けること、さらに異文化を受容する態度について検討する。

訳文

在全球一体化的社会中，不同文化间的接触形态多种多样，诸如旅游、留学、移民、出差、学术交流、海外任职、外企任职等。

在不同的社会和文化熏陶下，会形成不同的习惯与规则。跨文化接触能使人耳目一新，另一方面，也需要了解对方国家的规则。否则，将有可能产生误解、文化冲击或纠葛。

跨文化接触成为一个契机，使我们了解文化的多样性以及思考什么才是跨文化交流中应采取的必要态度。

跨文化接触交流是指在不同生活方式、不同社会特征环境下成长的人们所进行的信息、想法、思维、情感以及知识的接受或相互传递。

跨文化交流的范围一般来说很容易被认为是指不同国籍人们之间的交流，然而，其范围并不仅限于此。不同年龄层、不同性别、不同籍贯和不同职业的人们之间同样存在跨文化交流。正是因为年龄、性别、籍贯、职业等不同，致使人们拥有不同的思维与价值观。

交流包含言语交流与非言语交流。言语交流对加深相互理解发挥了重要作用。而面部表情、视线、姿态等言语之外的手段同样可以传递情感与思想。这就是非言语交流。正如日语“目は口ほどにものをいう”与汉语中的“眼睛会说话”所表现的那样，非言语交流同样起到至关重要的作用。

在第一部分，将探讨文化的多样性、异文化现象以及跨文化交流中对待不同文化的态度。

第1章　多文化・異文化に目を向けよう

1. 文化とは

コミュニケーションの手段となる言語と非言語は文化の影響をうける。文化の定義は数多くあるが、つぎのような特徴[1]が見られる。

- ✪ 文化は学習されるもの。
  学校の教育、親のしつけなど。
- ✪ 文化は引き継がれるもの。
  礼儀作法、習慣、正月、春節、京劇、歌舞伎などは伝えられている。
- ✪ 文化は常に時代とともに変化する。
  言語、ファッション、価値観、審美観などが昔と異なるのは、時代とともに文化が変化したからである。
- ✪ 文化は規範である。
  学校の規則、ビジネスルール、順番を待つ並び方というような規範が存在する。規範は文化によって異なっている場合が多い。

2. 見える文化と見えない文化

文化には見えるものと見えないものがある[2]。

見える文化は、衣、食、住、美術、音楽、工芸など形のあるものである。日本文化といったら、着物、お寿司、畳み、能楽、歌舞伎などを、中国文化といったら中華料理、チャイナドレス、京劇などを思い浮かべるだろう。中国女性民族衣装展とか日本和装の着付教室などは見える文化に関する異文化理解活動である。

習慣、ルール、世界観、価値観、コミュニケーションスタイル、信念、宗教などは見えない文化である。

見える文化と見えない文化は互いに影響しあっている。たとえば、日本人は、年末から年始にかけて、クリスマスを祝い、神社に初詣をし、法事は寺院で行う、という活動は、見える文化であるが、神道、仏教という思想の日本人の生活と精神への影響だと考えられる。中国人は長幼の序などを守る形式的な礼儀、バスなどで年寄りに席を譲る行動も、儒教の倫理思想の影響の現れであろう。

見える文化も見えない文化も異文化摩擦の原因になれる。

たとえば、タバコを勧めることや人の皿に料理を乗せることは見える文化である。

中国には「烟酒不分家」（お酒とたばこはだれのものというのではなく、皆で分かち合うもの）という言葉が示されるように、お酒やたばこ、特にたばこをたしなむときは、周りの人にも勧めるのがマナーである。このマナーを知らない日本人は、けちだとか、無視されるとかと思われるおそれがある。逆に、中国では自分の箸で隣の客のお皿に勝手に料理を乗せることは礼儀正しいと思われることが、日本人には抵抗を感じる人が多いようである。

価値観や世界観は見えない文化である。

見えない文化に潜む価値観や世界観や考え方の違いは、異文化摩擦の大きな原因となる。

3. 高コンテクスト文化と低コンテクスト文化

あまりコンテクストに頼らず、メッセージの大部分が実際の言語表現によって伝達される文化を「低コンテクスト文化」（ローコンテクスト）、逆に明確な表現を避け、話されるよりもコンテクストに重点を置いてお互いに相手の意図を読み取る文化を「高コンテクスト文化」（ハイコンテクスト）という。

日本語のコミュニケーションと英語のコミュニケーションがよく比較される[③]。日本人同士はある程度の察しを期待して事細かにすべて言葉で明確にするということは避けるコミュニケ—ション・スタイルである。一方、アメリカ人は「だれが」「なにを」「どうする」言葉で明確にしていくコミュニケーション・スタイルである、という。

中国は日本ほどではないが、日本と同じような特質もあるのではないか。英語と比べると、中国も日本も高コンテクスト文化だと考えられる。

中国にも日本にも、察し文化の特徴を表す表現やことわざが多く使われている。

以心伝心	心心相印、心领神会、心照不宣
言わぬが花	不说为妙
一を聞いて十を知る	闻一以知十
阿吽（あうん）の呼吸	配合默契
魚心あれば水心	两厢情愿
顔色をうかがう	察言观色

中国にも日本にも、全部言わなくてもコンテクストから言いたいことがわかってもらえることを前提にするコミュニケーション文化がある。

とはいえ、中国人のコミュニケーションと日本人のコミュニケーションを比較すると、中国はより低コンテクスト文化の特質をもつとされる。

日本語の社会では、「空気を読む」「空気が読めない」という表現がある。

江村によると[④]、2007年8月16日付けの朝日新聞紙上につぎのような記述がある。（前略）「好感がもてる男の子のタイプ」を男子に聞くと1位が「人に配慮ができる人」で、「嫌い」の一位は「場の空気が読めない人だ」「空気を読む」について、辞書にも、「その場の雰囲気から状況を推察する。特に、その場で自分がなにをすべきか、すべきでないかや、相手にしてほしいこと、してほしくないことを憶測して判断する。」というふうに説明されている。

言語中心の欧米では、コミュニケーションの第一義的な責任は話し手にある。これに対して、日本は非言語的な側面を重視するので、責任は聞き手にもあることになる。つまり、聞き手が話し手の意図することを推測する必要がある[⑤]。

「空気を読む」ことで、状況を理解することは日本社会では大切なことである。

中国では、前述したように、「察し」はないとはいえないが、多様な民族が混在しているので、「察し」は日本でより少なくなる。察しが少ない文化では、言葉で明瞭かつ理論的に説明しなくてはならない場合が多くなる。

コラム　伝統的な価値観の表れ	
儒教の価値	・人の成功や失敗、幸福と不幸は、すべて天が決めたものである。 ・何かをするときには、まず、世間からどう思われるかを第一に考えるべきである。
仏教の価値	・よい行いをするときには、人に知られることや相手に喜ばれることを期待せず、ただ人のために尽くすのが本当の思いやりである。 ・病気や死だけでなく、人間にとっては生きることも苦しみである。 ・この世のすべては、まぼろしのように、実体のないものである。
神道・国学的価値	・理念やイデオロギーを強く主張するよりも、おおらかな気持ちで事にあたるほうが、世の中は結局うまくいく。 ・世の中に「ただ一つの正義」「唯一の真理」といったものは存在しない。その時々によって、個別に判断をしていくのが正しい智慧である。 ・人間の人生は、個人としてよりも、社会や集団（会社、学校、国家など）のために尽くしてこそ意味がある。 ・世の中のことは、人間の知恵を超えたものであり、自然の流れに任せるのが一番である。

大渕（2014）による⑤

観察・思考・分析をしてみよう

1. 中国の特質と日本の特質をもつ見える文化の存在例をそれぞれ調べなさい。
2. 中国の特質と日本の特質をもつ見えない文化の存在例をそれぞれ調べなさい。
3. 見える文化は見えるものだから、誤解や摩擦を招くわけではない、という考えは間違いである。中国の常識が日本の非常識となる、あるいは反対に、日本の常識が中国の非常識になる、ということを観察しなさい。
4. みなさんはさまざまな地域から集まってきている。出身地による異文化の例を挙げながら話し合いなさい。
5. 高コンテクスト文化では、コンテクストによって相手の意図を読み取る場合が多い。次の会話における日本語の「だいじょうぶ」と中国語の「意思」の意味をそれぞれどのように捉えるのか。

① ✪ A: いま、電話だいじょうぶ？

B: うん、だいじょうぶ。

✪ A: 顔色悪いよ。

B: うん、だいじょうぶ。

✪ A: きょう、夕飯、家で食べる？

B: いい。

A: いいって、どっち？

B: だいじょうぶ！

A: だから、だいじょうぶってのは、要るの？要らないの？

B:…要らない。

A: 最初からそういいなさいよ。

✪ A: 好きです！　つきあってください！

B: あー、ええと、だいじょうぶ。

✪ A: ビールもっと飲む？

B: だいじょうぶ。

ヒント：　「ok」「平気」「受け入れる」「拒絶」

② 上司：你这是什么意思?

部下：没什么意思，意思意思。

上司：你这就不够意思了。

部下：小意思，小意思。

上司：你这人真有意思。

部下：其实也没别的意思。

上司：那我就不好意思了。

部下：是我不好意思。

参考訳文：

目上：これはなんのつもりですか？

部下：べつに、ほんのお礼のしるしです。

目上：これは結構です。

部下：ほんの気持ちです。

目上：きみってまったく。

部下：とくにべつになにかという意味はありませんが。

目上：それでは恐縮です。

部下：こちらこそ恐縮でございます。

6. 対人関係のコントロールにおいて、日本人は言葉を用いることが少なく、中国人はそれが多い[⑥]と言われるが、その理由を分析しなさい。

コメント：中国は日本より低コンテクスト文化の特質をもつためであろうか。

注釈

① 原沢伊都夫．異文化理解入門．研究者，2013.

② 鈴木孝夫．ことばと文化．岩波新書，1973.

古田暁，ほか．新版．異文化コミュニケーション・キーワード．有斐閣双書，2001.

小坂貴志．異文化コミュニケーションのA to Z——理論と実践の両面からわかる．研究社，2007.

③ 滝沢謙三，ほか．英語コミュニケーション力・暗黙のルール22．三一書房，2009.

④ 江村裕文．『空気』に関する論考Ⅰ．異文化17．論文編，2016.

⑤ 大渕憲一．伝統的価値観の国際比較：日本、韓国、中国、米国における儒教の価値観．文化．78巻第1・2号，2014.

⑥ 陈舜臣．日本人と中国人．集英社文庫，1984.

第２章　異文化受容態度

1. 異文化受容態度の類型①

異文化受容態度の類型モデルでは、４分類されている。

① 異文化に接触した際にホスト文化の人々と良好な関係の保持を重視するか。

② 異文化に接触した際にホスト文化の人々と良好な関係の保持を重視しないか。

③ 自文化アイデンティティーの保持を重視するか。

④ 自文化アイデンティティーの保持を重視しないか。

自分の文化に基づいた意識や価値基準を唯一の基準として、他の文化の価値観などを判断する考え方は自文化中心主義で、排他的な態度に陥りやすい。

全ての文化に優劣はなく、それぞれを同じように尊重すべきとの考え方は文化相対主義である。

異文化接触の場合、自国文化のアイデンティティーを重視しつつ、相手の文化を考慮したコミュニケーションを行うのが理想的であると考えられる。相手が日本人の場合、盲目的に日本語的コミュニケーション・スタイルを模倣せずに、日本文化と中国文化の違いを念頭に入れて、誤解を招かないことが前提になって、中国文化の特質を守るコミュニケーションをすればいい。

たとえば、日本人が日本式のお辞儀をし、それに対して中国人が握手で応えるという異文化態度も認められる。

2. 異文化受容とステレオタイプ

特定の集団に属する人々を固定的、画一的に判断し、差違を全く考慮しない見方をステレオタイプ（stereotype）と呼ぶ。

ステレオタイプと似たものに偏見、先入観というものがある。

日本人が中国人に対するステレオタイプ（偏見・先入観）はつぎのようなものがある[②]。

彼らは利己主義で他人のことを配慮しない。

彼らは行動が粗野にして力頼みである。

彼らは世界支配の信報者である。

彼らは平気でうそをつく。人をだます。

彼らは借りた金を返さない。

彼らは人間としてのやさしさに欠ける。

彼らは個人主義者である。

彼らは家族以外に信頼を寄せない。

彼らは力が正義と考えている。

彼らは自己主張一点張りで、人の意見に耳を貸さない。

実際典型的な中国人、この本の作者と親交のある中国人にはそのような側面がないと指摘した。

一方、中国人の日本人に対するステレオタイプ（偏見・先入観）はなんであろうか。よく耳にするのは下記のとおりであろう。

日本人は悪い。

日本人は残酷だ。

日本人はずるい。

日本人は野蛮だ。

日本人は侵略的だ。

実際筆者と親交のある日本人もこれらにあたらない。

日本人の間にも中国人の間にもさまざまなタイプの個人がいる。

ステレオタイプには欠点も利点もある。

ステレオタイプは真実、事実を把握するときの妨げになる。物事を一面的に捉え、そこに所属する個人を正しく認識できなくなるという欠点がある。

ステレオタイプには利点もある。複雑な集合体を単純化するために記憶しやすい一面もある。

つぎは国民性のほんの一部（一側面）を大げさに表す有名なジョークである。

船が沈み始めた時、船長が

イギリス人には「紳士でしょ？」

ドイツ人には「厳粛な命令です」

フランス人には「飛び込んではいけない」

イタリア人には「美女が見てるよ」

アメリカ人には「保険が掛かっています」

メキシコ人に「国のために飛び込め」と言うと

みんな飛び込んだ。

船長が中国人と日本人に向かってそれぞれ何と言うと、中国人も日本人も飛び込むのか。日本人の国民性と中国人の国民性はなにかを考えてみよう。

ステレオタイプは、どこから作られたのであろうか。

・家庭、学校、社会の教育

・マス・メディアなどの報道

・個人の体験

・ほかの人の話を聞いた

中国人と日本人はじっさいにそれぞれどうなのかは、間接情報だけでは確定できないであろう。個人の経験であっても、典型的なのか個別的なのかにもよる。

異文化接触の場合は、ステレオタイプを避けるために、物事を冷静かつ論理的、そして多面的・批判的に見るという批判的思考方法を持つことが重要である。

コラム　文化的コンテクストによる行き違い

あるアメリカ人のエンジニアが新規のプロジェクトを日本人の上司に提案した。上司に意見を尋ねると、その答えは「このプロジェクトを成功させるのは難しいと思う」であった。日本人上司は成功しない確固たる理由も説明せずに、ただ拒絶しているようだった。そこで、このエンジニアは上司を説得できるようにさらに深く掘り下げて研究することに決めた。

日本人であれば、上司から「難しい」と言われたら、それが「No」を意味することがわかる。それが忖度できないようでは社会人として未熟との烙印を押されかねない。しかし、アメリカ人にとって、「難しい」はあくまでも難しいという意味でしかない。非常にチャレンジングであるという指摘を受けたわけだから、より一層努力するのは当然の帰結となる。

（续表）

言語中心の欧米では、コミュニケーションの第一義的な責任は話し手にある。これに対して、日本は非言語的な側面を重視するので、責任は聞き手にもあることになる。つまり、聞き手が話し手の意図することを推測する必要がある[③]。

観察・思考・分析をしてみよう

1. あたなのまわりに存在する社会的なステレオタイプを書きなさい。

日本人のステレオタイプ：（たとえば、日本人は礼儀正しい、実際そうでない人もいる。）

中国人のステレオタイプ：（たとえば、中国人は自己主張が強い、実際そうでない人もいる。）

山東人のステレオタイプ：

上海人のステレオタイプ：

大阪人のステレオタイプ：

東京人のステレオタイプ：

若者のステレオタイプ：

2. つぎの記事をステレオタイプの視点から分析しなさい。

中国游客前往法国旅游，刚到巴黎就震撼了：我肯定来错地方了！

（网易 2018.8.20）

随着世界经济的发展，世界各国之间的距离已经不再遥远，可以说几乎大部分的国家都可以乘坐飞机到达了，在时间上也非常短暂，使得出国游玩的人也变得多起来。

法国这个国家相信大家一定不会陌生，尤其是有着“浪漫之都”美称的巴黎更是我们中国游客最向往的地方之一，每年都会有大量的中国游客前往巴黎游玩，可是在近些年一直都有中国游客会反应巴黎已经不再“浪漫”了。前段时间又有一些中国游客前往法国旅游，结果刚到巴黎就震撼了，直呼：“我们肯定来错地方了。”想象当中的巴黎应该是非常美好的，不仅有着象征爱情牢不可摧的埃菲尔铁塔，还有造型独特的卢浮宫，能够漫步在这样一个城市中应该是非常幸福的事情。可是这些中国游客没想到：来到巴黎之后就看到地上到处都是垃圾，墙上也都是涂鸦，走在街道上还时不时能够看到法国人在角落上厕所，就连空气中都散发着一股令人作呕的臭味，这让这些中国游客一点儿游玩的心情都没有了，感觉内心的落差感实在是太大了。简直不敢相信眼前这个城市会是想象中那个浪漫的巴黎。

コメント：間接情報によるパリへの印象と個人の経験との行き違い。

注釈

① 古田暁，ほか．新版．異文化コミュニケーション・キーワード．有斐閣双書，2001.
小坂貴志．異文化コミュニケーションのA to Z——理論と実践の両面からわかる．研究社，2007.
原沢伊都夫．異文化理解入門．研究者，2013.

② 中島一．中国人とはいかに思考し、どう動く人たちか．川出書房新社，2011.

③ https://lightworks-blog.com/humanskill-intercultural

中日対訳によって難しい言葉を習おう

日本語	中国語
・コンテクスト	・文脉，语境
・高コンテクスト文化 / ハイコンテクスト文化	・高语境文化
・低コンテクスト文化 / ローコンテクスト文化	・低语境文化
・アイデンティティ	・个性、特性
・ステレオタイプ	・文化思维定式、刻板印象

二、中日間のコミュニケーション・ギャップ

異文化コミュニケーション・ギャップとは

比較文化的な探究のほとんどは、困惑し不快に思った体験から始まるのである[①]。

異文化間コミュニケーション・ギャップとは、相互に理解しあうコミュニケーションで、その理解の仕方や価値観の相違、情報の不足などにより、食い違いを見せるということである（『大辞泉』）。これらの違いは、コミュニケーションの摩擦の原因となり、さまざまなトラブルをおこす。

中国と日本は同じアジアにあって、同じように集団意識と権力格差が強い国だが、実際は、両国の地理環境、歴史文化、政治的経済的環境、人の考え方、価値観、コミュニケーション・スタイルが異なっているため、コミュニケーション・ギャップも多く存在している。

過去の歴史をめぐる認識の問題は日本と中国の間に存在するもっとも大きなコミュニケーション・ギャップであろう。これについての研究は、日本外務省国際報道官千葉（2005）[②]の「中日体験的相互誤解——未来史を共に創造するために」、孫琪剛（1989）[③]の「新聞報道に見る中日コミュニケーション・ギャップ」、そして、大崎（1997）[④]「日・中のコミュニケーション・ギャップ」、野沢（1997）[⑤]「中国映画の中の日本人」などの研究は参考になれる。

また、文化や言葉によるコミュニケーション・ギャップについての本も数多く出版されている。例えば、孔健（1999）[⑥]は、『日本人は永遠に中国人を理解できない』では、中国人の本音が日本人に分かるはずがない。そして、日本人と中国人の違いを水と油に喩えている。水と油は共に透明の液体であり、見た目は似ているが、中味はまったく異なる。日本人は水のようにさらりとしているが、中国人は油のようにねちっこく、そして、水

と油は絶対に融け合わない、と語った。

同氏(2001)[7]はまた『交渉術　日本人VS中国人、最後に笑うのはどっちか』では、日本人は真実は一つしかないと信じ込み、中国人は二つ以上あるとおおらかに考え、一つの結論を押しつけないと述べた。

宮岸（2007）[8]は『とらえどころのない中国人のとらえかた』では、そもそも中日両国の間には、大陸と島国という歴然とした気候風土の決定的な違いが存在し、その習慣や感性といった国民性も水と油ほどの違いがあると語った。

園田（2001）[9]は『中国人の心理と行動』では、中国人の行動は、日本人から見ると理解しがたいことが多いと言った。

李(2004)[10]は『中国人を理解する30の「ツボ」考えすぎる日本人へ』では、自らの生活体験で中日間のギャップを語った。

中国人と日本人に、言葉や文化の差で誤解が生じる、というのは事実である。日本人と中国人を比較すると、中国人のほうが、圧倒的に海外とのやり取りに慣れており、コミュニケーションに積極的だという。確かに、中国に滞在中の多くの日本人が、なれないところが多いようである。一方、日本に滞在中の多くの中国人も異文化適応においては、いろいろな問題を抱えていることも否めない。

いったい、中国に滞在中の日本人と、日本に滞在中の中国人に、日常生活でどんなコミュニケーション・ギャップが起こったのか。次の二つの章では、アンケート調査を通じて、これを明らかにし、異文化理解を深める。同時に異文化に対する感性をも養う。

注釈

① レン・スペンサー＝オーティー，編著．異文化理解の語用論—理論と実践—．研究社，2004.

② 千葉明．中日体験的相互誤解—未来史を共に創造するために．日本僑報社，2005.

③ 孫琪剛．新聞報道に見る中日コミュニケーション・ギャップ．富士ゼロックス・小林節太郎記念基金，1989.

④ 大崎雄二．日・中のコミュニケーション・ギャップ．異文化コミュニケーションの諸相——コミュニケーションギャップの克服に向けて．加納邦光，編．北海道大学，1997.

⑤ 野澤駿敬．中国映画の中の日本人—中日戦争を時代背景とした映画の場合—．異文化コミュニケーションの諸相——コミュニケーションギャップの克服に向けて．加納邦光，編．北海道大学，1997.

⑥ 孔健．日本人は永遠に中国人を理解できない．講談社，1999.

⑦ 孔健．交渉術　日本人 VS 中国人　最後に笑うのはどっちか．講談社，2001.

⑧ 宮岸雄介．とらえどころのない中国人のとらえかた．講談社，2007.

⑨ 園田茂人．中国人の心理と行動．日本放送出版協会，2001.

⑩ 李景芳．中国人を理解する 30 の「ツボ」考えすぎる日本人へ．講談社，2004.

訳文

二、中日间的交流分歧
什么是跨文化交流障碍

比较文化的研究大都始于困惑及不愉快的体验。

跨文化交流障碍是指在相互理解的交流过程中，由于思维方式及价值观不同，或是信息缺失而产生的分歧现象（《大辞泉》）。而这些分歧会致使交流产生摩擦，从而引发各种纠葛。

中日两国同处亚洲，虽然都是集团意识和权力格差意识较强的国家，然而，实际上，两国在地理环境、历史文化、政治经济环境、思维方式、价值观以及交流方式上都有所不同，因而存在很多沟通障碍。

围绕过去历史的认识问题，是中日两国之间存在的最大的交流障碍。关于历史问题的研究，可供参考的有，日本外务省国际报道官千叶（2005）所写的“亲身经历的中日相互误解——为共同创造未来的历史”、孙琪刚（1989）所写的“从新闻报道中看中日交流障碍”、大崎(1997)所写的“中日交流障碍”、野泽（1997）所写的“中国电影中的日本人”等。

此外，因文化、语言等差异而引发的有关交流障碍方面的书籍也已出版很多。如孔健（1999）在《日本人永远不能理解中国人》中讲到，日本人无法理解中国人的心声，并把日本人与中国人的差异喻为水与油。水与油都是透明液体，看上去相似，实质则完全不同。日本人如水般寡淡，中国人如油一般执拗，而且，水与油绝不相溶。

孔健（2001）还在《谈判术 日本人与中国人谁笑在最后？》一书中写道：

日本人相信真相只有一个，中国人则大气地认为真相可以有两个以上，不会强行得出一个结论。

宫岸(2007)在《对难以捉摸的中国人的理解方法》中写道：中日两国之间，一个大陆一个岛国，在风土气候方面存在明显的根本性差异，因而其习惯、感性等国民性的差异也如同水与油一般。

园田（2001）在《中国人的心理与行为》中谈到，中国人的行为，在日本人看来有很多难以理解的地方。

李景芳（2004）在《了解中国人的30要点——写给多虑的日本人》中讲述了生活中亲身经历的中日间的分歧。

中国人与日本人因语言、文化等差异产生的误解是客观事实。对比中国人与日本人，中国人则更习惯对外交流，在对外交流上更积极。的确，旅居中国的很多日本人好像有许多难以适应的地方。另一方面，不可否认，旅居日本的很多中国人在跨文化适应过程中也面临各种各样的问题。

那么，旅居中国的日本人与旅居日本的中国人，在日常生活中究竟存在哪些交流障碍呢？接下来的两章会通过问卷调查弄清这些问题，从而加深跨文化理解，与此同时培养跨文化意识。

第３章　中国人が違いを感じた日本人の行動

生田他（1981）[①]は、アメリカ人の対日イメージを特徴づけるものとして三つの主要テーマが考られている、と述べた。すなわち、一番目は、庭園とか茶室に代表される「伝統的な日本」のイメージである。二番目には、第二次世界大戦に源流があって、特攻隊に代表される「戦う日本」のイメージである。三番目は、「経済大国日本」のイメージである。中国人の日本人に対するイメージもだいたいこれにあたるのではないかと思われる。

王（2008）[②]は『日本と中国——相互誤解の構造』では、中国人が日本で生活していて、同じ漢字を使っているという過大な共有感から「同文同種」意識にひたりきっているため、カルチャーショックが特に大きい、と指摘した。

異文化接触は一般的に三段階を経験する。

第一段階においては、幸せな時期で、一般的には新婚旅行の期間のようなもので、旅をしたり、新しい土地を見て興奮したり驚いたりした時期であり、長く続かない。

第二段階は、新しい環境で実際に生活を始めて、カルチャーショックを体験する時期である。実際、この段階では、生活、仕事、現地社会への適応など、さまざまなトラブルや困難に直面している。

第三段階では、ある程度ホストの文化に溶け込み、自分の文化と比較しながら、ホスト文化のよいところを取り入れ、人的ネットワークも構築する段階である。

筆者の教え子が日本に行ってまもなく送ってきたメールにはほとんど日本への賞賛の言葉を並べてある。サービス業の親切、マナーのよさ、礼儀正しさ、整然とした秩序など、目に入ったのはプラスのものばかりで、まさにハネムーンの期間のようである。日本滞在歴３ヶ月ぐらいの教え子の感想を下記２例に挙げよう。

（略）来到日本感触最深的就是这里很人性化，随处可见自动贩卖机，还有超市为顾客打包而放置的打包绳、打包胶带，总是想在顾客们的前面。公共场所的每个工作人员都认真地做事，始终以微笑来面对每一个人，让人很舒服，这点真的很适合我们中国的服务行业去学习。再者，无论在学校还是在外面吃饭时，都能发现日本人很节俭，不浪费粮食，总会吃到盘中不剩一粒米。

（日本に来て一番感銘をうけたのは人間味。いたるところに自動販売機があります。そして、スーパーでは客に荷造り用のひも、梱包用テープなどを用意したりしていて、客のことを配慮してくれます。公衆の場のスタッフもみんなまじめに仕事をしていて、だれにも微笑んで親切であることは、中国のサービス業が学ぶべきところ。また、学校や学外で食事をしたら、日本人がとても節約して食べ物をすこしも浪費しないで、一粒も残さずに食べてしまうことに気づきました。）

もう1人の教え子から次のメッセージーが届いた。

日本商店的服务态度太热情了，咨询事情的时候日本人全程都笑着给你解答，没有一点儿不耐烦。我觉得这很值得中国人学习。还有就是日本人特别认真。记得有一次我去超市，我问其中一位店员超市早上几点开门，她不知道，要是在国内，店员不知道的话肯定就说不知道，或者让你去问别人。但是那个日本店员却和我道歉，让我稍等，她自己跑着去问别的店员，在别的店员也不知道的情况下，她又跑出超市，在超市门口看了时间后再回来告诉我，还一直道歉，弄得我很不好意思。

（日本のサービス業はほんとうに親切です。何か聞いたら、ずっと微笑んで答えてくれて、嫌がっているふうにまったく見えません。これは中国が学ぶべきところです。また、日本人はとてもまじめです。ある日、店員にスーパーの営業時間は何時からかを聞いたら、知らなかったです。中国では、知らなかったら、知らないと答えるだけでかたづけてしまうでしょう。あるいは、ほかの人に聞きなさいと言うかもしれない。しかし、この店員さんは、まずわたしに謝り、そして少々お待ちくださいと言って、ほかの店員に聞いてくれました。ほかの店員も知らないので、またスーパーの入り口まで走って自分で確認してから、また戻って教えてくれました。それだけでなく、ひたすら謝まってくれました。わたしはすまない気持ちでいっぱいでした。）

くどい話であるが、ハネムーンという段階の新鮮さと感激と興奮が窺えるのではないか。

ハネムーンの段階が過ぎて、カルチャーショックの段階になると、どうであろう。中日間のコミュニケーション・ギャップを明らかにするために、もっと多くの生の声を聞くために、日本に留学している中国人留学生64人（男性32人、女性32人）を対象に、日本で生活している間に、言語と非言語について違いを感じるところ、そして、困っていることについてアンケート調査を実施した。インフォーマントは、10代、20代、30代、40代にわたるが、ほとんどは日本で在学中の学生なので、年齢は20代に片寄っている。

日本での滞在期間は6ヵ月以上1年以内の人数がもっとも多い（表1を参照)。ちょうどハネムーンという段階が過ぎてしまって、カルチャーショックを体験する段階である。

表1　インフォーマントの日本の滞在期間について

滞在期間	人数（人）
半年以内	11
半年以上1年以内	36
一年以上2年以内	8
2年以上	9

アンケート調査票は中国語版にしていたのであるが、日本語での回答もあるし、中国語での回答もあるので、回答例を引用する場合、オリジナルの回答そのままに従っている。ただし、文法の誤りについては訂正した。

1. 言語コミュニケーションで感じた違い

言語コミュニケーションにおいて違いを感じた上位項目は、主に、「日本語のあいまいさ」と「丁寧さの問題」である。そのほかにまた、「外来語が多すぎる」「あいづちが多い」、そして、「書き言葉と話し言葉の違い」「文法、文型、方言、俚言、スラング」など自身の日本語のレベルに関わる問題などが挙げられる。

(1) 日本語のあいまいさについて

人間関係を重視したので、何かを直接言うことを避け、ぼやかすことによって、わざと煮え切らない態度を取ることが多い。これは日本語のコミュニケーションのあり方のひとつであろう。とくに相手への要望や提案を否定するときは、相手の気持ちやメンツへの配慮からはっきり否定せずに婉曲な表現を用いて相手が察してくれるのを期待する。

王（2008）も、婉曲な、遠まわしの言い方が、外国人が日本人とのコミュニケーションで戸惑う要素の一つであり、教えられたから、あるいは指導されたからといって身に付くものではない。日本の文化に育ってはじめて自然と身につくものだ、と指摘した。

日本語のあいまい表現形式はいろいろあるが、中国人の留学生がどのように自分自身でキャッチしているのであろうか。回答例を見てみよう。

回答例

“经常说不完整的句子。”（不完全な文で終わるのが多い。）

“说话太暧昧，总是撇清自己的责任。”（話があいまいで自分の責任を回避している。）

“说话不直接。真正的意思需要猜测。”（遠回しに表現する。ほんとうの意味は推測しなければならない。）

“日本人は本音をあまり話さない。両面性がある。”

“日本人不直接回答问题也就算了，还不直接问问题，让我不知如何回答。”（日本人は直接に答えないのはいいが、質問するときも直接ではなくて、どのように答えたらいいか分からない。）

“去买东西结账的时候会被问「ポインドカードはいいですか」「～いいですか」的。解释太过暧昧，一开始很是困扰。”（買い物するときレジで「ポイントカードはいいですか」と聞かれますが、「いいですか」はあいまいで、はじめのときはこまった。）

“有的时候表现含糊。「いいです」是要还是不要？”（言葉がときにはあいまいで、「いいです」は、ほしいか、ほしくないかのどっちか分からない。）

“当你和日本人交谈时想要一个明确的答复，往往日本人会说一堆暧昧的话而非直接给予你明确的答复。”（日本人と話をするとき、はっきり答えてほしい。しかし、相手の日本人があいまいな言葉をたくさん並べるだけで、はっきりした返事をしてくれない。）

“日本人同士の間では、言わなくても分かるルールがたくさんあるということは日本に来てから初めて分かった。日本人はウラとオモテ、ホンネとタテマエを使い分けるのは、「良いこと」と考えるフシがある。例えば、お店で食事をするとき、店員さんに「XXのお替わりはいかがでしょうか」と聞かれ、日本人のお客様であればただのあいさつというのは分かるから、普通「いいです。」「結構です。」などと言って軟らかく断る。しかし、外国人のお客さんに聞くと、「本当ですか。ただですか。じゃ、お願いします。」と答えた。その時、店員さんは困ったような顔をしてた。”

“「だめ」だったら、「だめ」と直接言わなくて、「考えてみるね」とか言われて、最初はほんとうに考えてくれると思ったけど、結果何も変わらないので、ようやくこれは断りだと気づきました。”

あいまいとは、態度や物事がはっきりしないこと。言葉の場合は、二つ以上の意味にとられることである。中国人の留学生がよくそれにとまどっている。これは日本滞在歴に関係がないようである。インフォーマントの中の1人は4歳から親といっしょに日本に来て、日本にもう20年生活している。しかし、やはり日本語のあいまいさに困っているようである。中国の大学で日本語を教えている教師も、ときには、日本人の話の肯定か否定かとうまく判断できない場合があるという回答例もある。

(2) 丁寧さの問題について

日本はタテの関係が発達するタテ社会である。また、ウチ集団とソト集団という意識もある。そのため、コミュニケーションの場面や内容、相手の年齢や身分、役職によって言葉の表現方法が大きく違っていて、敬語に現れている。

日本は男性社会でもある。男性社会では、女性の言葉が男性より丁寧の度合いが高いことが要求されている。

言葉の丁寧さや礼儀正しさに関して、あいさつ言葉も発達している。どんな場合にどんなあいさつをすべきかもだいだい決まっている。

一方、中国はタテ社会ではないとは言い切れないが、基本的には、血縁、地縁の関係でネットワークをつくる「ヨコ社会」が発達している[③]。ウチとソト、目上と目下で、あまり話し方を変えない。また、“妇女能顶半边天”（女性も半分の天を支えている）と言われるように男女平等を主張する中国社会では、男性と女性との言葉の表現方法もほとんど差がないので、だれに対してでも、ほぼ同じ言葉で済む。

このように、日本滞在中の中国人の留学生は日本の敬語などに四苦八苦している。面倒くさい、形式ばったあいさつもときには無用なものだなど、他人行儀だと泣き言を並べる。その回答例を見てみよう。

回答例

“敬语太麻烦，而且说话时敬语和普通用语交替使用。”（敬語は面倒くさい、それに敬語と常体を交互に話さなければならない。）

“客套话太多。”（あいさつが多すぎる。）

“过分礼貌，有拒人于千里之外的感觉。”（話が丁寧すぎて、よそよそしい感じがする。）

“「いいですか」用得过多。过分商量。客套话过多，浪费时间。”（「いいですか」は使いすぎる。あいさつも多くて、時間を無駄にした。）

“「すみません」用得过多。过分谦让。”（「すみません」を使いすぎる。謙遜しすぎる。）

“老是道歉让我感到不适，让我不知如何回应。”（謝る言葉ばかり言われるのになれない。どのように応対したらいいか分からないから。）

日本語にはあいさつが多い。これについて、王（2008）も警察側が犯人に「ありがとう」と感謝したのを耳にしたときのショックを記してある。

銃をもち、元妻を人質にとってたてこもったが、約30時間後に投降してきた男に対し、警察の拡声器から、銃は家の中に置いてきたかと尋ねた。そうしている、という答えが返ってきたとき、拡声器からは「そうしてくれたね、ありがとう」と響いたのである。警察の同僚に犠牲者を出しながら犯人に届けられた明確な感謝に、違和感が強烈に焼きついた同氏である。

あいさつをかわすことそのものが少ない中国語では、犯人に「ありがとう」というのは確かに考えられないことであろう。

謝る言葉も同じであるが、体がぶつかったりしたとか些細なことで日本人がすぐ謝まってしまう。中国人にとって、謝罪は責任問題につながる。あやまれば、自分の落度を認めることになる。そういう認識の差で、日本人に気軽に謝られるとどう応待すべきかと中国人が戸惑うのだろうか。

(3) 外来語について

日本語の表記のことについて、中国人の留学生にとっては、慣れないのは外来語の問題である。「レストランのメニューがカタカナで書いてあるから困っています。」などの回答が見られる。外来語が必要以上に多く使われると、話の内容を浅薄に感じさせ、話し手を薄っぺらにみせるという意見があるものの、実際には外来語が意外に多く使われている。とくにレストランのメニューや、ファッションなどの世界では、カタカタが氾濫している。

(4)「あいづちが多い」について

あいづちが多いということも回答者に指摘された。

日本人の話し方の特徴としては指摘されたことに、会話を進める際、よく相手になんらかの反応を期待した形式がとられることが挙げられる。つまり会話の途中でよく途切れて「間」をあけている。聞き手もそれに答えるよう間の隙に頻繁にあいづちを打つ。

ふつう、日本人は、会話においてあいづちを多く打つことは、丁寧さにつながると考えている。これは、あいづちを多く打つことが、相手の発話内容を理解し、同意しているという、積極的に関心を示すことにつながるからである。これに対し、中国人は、あいづちは控えるべきものと捉える傾向にある。

(5) 日本語のレベルについて

日本語のレベルが初、中級の段階にある日本語学習者が抱えている問題は、主に話し言葉と書き言葉の違い、文型が多すぎること、方言俚言、用言の活用の問題、教科書の日本語が実際の生の日本語とずれているなどが挙げられる。日本語のスピードが速いという回答もある。日本語は世界の中でも相当に「スピードの速い」言語だという。日本語は、1音節を発音するのにかかる時間が短い。英語では、平均的に1音節あたり0.25秒くらいで話すのに対し、日本語は0.14秒くらいで、英語の倍になるという。

2. 非言語コミュニケーションで感じた違い

日本人の非言語コミュニケーションに対して、中国人が違いを感じた項目は、日本人が違いを感じた項目とは異なっている。日本人が中国人の非言語行動に対し、特に違和感を感じるのは音量と空間距離である。しかし、中国人がとくに違和感を感じる項目は、主に表情、お辞儀、うなづき、ジェスチャー、音量である。

(1) 身体動作

身体動作は主に表情、ジェスチャー、体全体の動き、姿勢、目の動き、歩き方などを指す。中国人が「違いを感じる」のは、表情、ジェスチャー、うなづきである。

まず、日本人の表情について次のような回答が見られる。

回答例

"日本人ははっきりしない。日本人は何を考えるか顔に表現しない。"

"日本人在处事方面都是笑容满面，所有不好的，日本人不会表现在表面，很难让人猜透。"（日本人はいつも笑顔で応対しているが、ほんとうのことは顔に表れないので、分かりにくい。）

サービス業の従業員の接客態度は中国人の間にほとんどプラスの評価である。前述の筆者の教え子の日本の第一印象はサービス業への心からの賞賛である。

感情の表出方法も、属する文化の中で用いられている表情の表示規則によって規定されている。日本人は、喜怒哀楽の感情表現を意識的に抑制することが多い。深い悲しみのときにも、怒りのときも、感情を表面に出さず、微笑すら浮かべているときもある。

表情を控えめにするのが美徳とする日本社会では、微笑みが好まれている。夏目漱石の『門』の中のお米は、伝統的な日本人らしい女性像であろう。お米の表情についての描写でもっとも多いのは彼女の笑いであろう。お米の笑いには、「笑う」「低い声で笑った」「微笑」「さみしそうに笑って」「薄笑い」「声を出して笑った」「微笑んだ」「大きな声を出して笑った」「おかしそうに笑った」「微笑をもらした」などの描写があるが、もっとも多いのは「微笑」である。

しかし、異文化コミュニケーションの場合では、この微笑は否定的な感情にともなってしばしば表われるので、かならずしもプラスに評価されるとは限らない。

日本人のあいまいさと笑いに対する中国人の考えについて、山田（2008）④も『新・にほんご紀行』に、次のように述べている。

> ある時、センターの中国人スタッフに、「日本人のどんなところが嫌いですか？」と聞いてみました。「日本人は思っていることを言わない。日本人は黙っていても何も言わないから、それで異存がないのかと思ってそのままやっていると、実はそうではない。その思いをずっとためている。それがある時爆発して、カンカンになって怒り出すことがある。それがすごく理解しにくい」と言っていた。
>
> それからもう一つ、「日本人はいつもニコニコしている」という。内容的には怒ってしかるべき話なのに顔が微笑んでいる。中国人だったら、話の中身が怒るべき事柄なら顔つきも怒る。だから、日本人の態度は理解できないという。

これは非言語コミュニケーションにおいて中日間の文化的な摩擦の典型的な話であろうか。

日本的な身体動作は、また「違いを感じた」のはうなづきである。

中国語では、うなづきが、ふつう相手の話や意見に納得した行動として機能しているが、日本語では、いろいろな機能を果たしている。もちろん、相手の話に賛成する場合はうなづく。ほかにも、相手の話を聞いているよ、相手の話に共感する、同調するなど、の機能もある。どちらの機能かうまく判断できなくて、誤解に陥る場合がある。

(2) パラ言語

パラ言語としての音量について、中国人の声が大きくて、日本人にとっては、けんかしているようにと思われるのに対し、中国人は日本人の声が小さいという回答が見られる。

(3) 視線

会話のとき、日本人が苦手なのが、相手の目を見て話すことだという。日本人の習慣では、相手の目を見るのは挑戦的にとられてしまうおそれがあるから、相手の話は目を伏せて聞いたり、視線を外して聞くのが多い。しかし、中国人にとってこれはかならずしも礼儀正しいとはいえない。「先生と話をするとき、先生はよく視線をはずすので、無視されている、軽蔑されている気がする。」という回答例がある。

3. 習慣や生活面で感じた違い

中国人が習慣や生活の面でもっとも違和感が多くあるのは日本のマナーやルールのことである。そのほかにゴミの分別のこまかさやワリカン、贈り物、飲食などである。

(1) マナーについて

ボニー・ウィリズム(2000)⑤は『コミュニケーションギャップ』という本で、「日本人は世界でも有数な丁寧で礼儀正しい国民である反面、思いやりのない無作法な国民であるという印象を与えているようです。この日本人の相反する態度が西欧人にとっては少し不可解なようです。」と述べた。

中国人の留学生の目に映った礼儀正しい日本人の無作法な行動もある。

回答例

"電車の中で老人に席を譲らなくてショックだった。"

"购物时偶尔碰到店员态度不好。"(買い物するときたまに愛想の悪い店員に出くわす。)

"店员太过热情。"(店員は親切すぎる。)

"老太太不排队"(おばあさんが列に割り込む。)

"无视信号灯。"(信号を無視する。)

"年轻人说笑不顾忌别人。"(若い人が他人を気にせずに笑ったりしゃべったりする。)

電車で年寄りの老人に席を譲るか譲らないかについて、中日の差が大きい。中国は年寄りを敬う文化だから老人に席をゆずるのは基本的なマナーである。宮岸（2007）⑥は『とらえどころのない中国人のとらえかた　北京現代生活事情』という著書で「マナーは最悪、心は優しく」という節でこの目で見たことを書いてある。

ある日、ほこり舞う西三旗からバスに乗ろうとしたときである。後ろから来た青年がいきなり割り込んで、先にバスに乗り込んだ。いつものことながら失礼な態度である。（略）割り込みをするだけでなく、汚い頭陀袋をあたりかまわず床に置き、その床につばを吐いたりしている。

そして、極め付きは手にすいかけのたばこを持っているのだ。車内は禁煙である。いくら無秩序でも、これは許されない。車掌がすぐ注意すると、窓をあけてそこで吸い続ける。吸い終わると、それを窓からポイだ。マナーのかけらさえ持ち合わせていない。

ここまで来ると、もはやその青年に対する嫌悪感は絶頂に達した。（略）

バスが、かつて清の皇帝の行在所（あんざいしょ）があったという清河に着いたとき、いつものようにたくさんの客が乗ってきた。その中に、つえをついた一人のご老人が、おぼつかない足取りで、大揺れに揺れるぼろいバスに乗り込んできた。

すると、それをめざとく一番初めに見つけたのが、なんとその青年であった。車の揺れで倒れそうになるご老人を抱えるようにして助けて「请坐（どうぞ、お座りください）」と自分の席をさっと譲ったのであった。

老人を敬い、すぐにそれを実践できるこの青年。さっきは汚くてマナーのかけらさえないと軽蔑していたが、手すりをつかみ揺れながら立っているその姿は、もはや別人で心優しい純朴な青年として映っていた。そして何より、この状況に出くわしながら、自分の席も譲らずに、ただ傍観している自分が急に恥ずかしくなってしまった。

筆者自身も日本でこういうことをみかけたことがある。夜10時ごろの山手線に乗ったとき、60代の背広姿の人が突然倒れてしまった。メガネもカバンも電車の床に転がってしまった。拾ってあげた人がいるが、席を譲ってあげた人は一人もいないことに驚いた。

中国に滞在している日本人にとって、主なカルチャーショックは第2章で述べたように、つばを勝手に吐くとか、信号を無視するなどマナーの問題がもっとも多いということであるが、日本でも列の割り込みとか信号を無視する人もいる。これは中国人だけが目撃したことではない。上述のボニー・ウィリズム（2000）は、著書で同じようなことも述べている。

日本に住む私の父親は杖をついていますが、彼は日本人の老人に対する思いやりの心は進歩するどころか後退していると思っています。彼が東京駅で新幹線のグリーン車の切符を買うために並び、やっと自分の番が来たとき、中年の日本人女性が割り込み、先に切符を買ってしまいました。

わたしの母親と日本人の友人（いずれも七十歳代）三人が東京の地下鉄に乗り、シルバーシートの前で立っていましたが、座席に座っている四人の若い日本人はだれも席をゆずってくれませんでした。

日本的なサービスは全体的に評判が高いが、愛想が悪い従業員に出くわさないこともない。

「年轻人说笑不顾忌别人」といったら、日本は恥の文化で、人の目を気にしている社会である。個人的な会話なのに人の前で大げさに笑ったり大きな声で話しをしたりするのは失礼なことだと思われるが、いまの若者が日本では何か異常な存在と見られがちである。よく年配の日本人からも、「いまの若者は理解できない」とか「いまの若者が恥ずかしさを知らない」「いまの若者は遠慮を知らない」「いまの若者は丁寧さとか思いやりの精神がなくなってしまった」という愚痴を耳にした。

(2) 日本のルールについて

中国は人情を何よりも大切にするのに対し、日本人はルールや法律を人間関係より優先させるようである。そして、ルールが決まったらそれを守るのが原則である。

回答例

“太循规守矩，有时太死板，害怕担责任。”（ルールにこだわりすぎる。ときには責任をとるのを恐れている。）

“行动规则太多，例如电梯得站左侧。”（ルールが多すぎる。例えば、エスカレーターに乗るときも左側に立たなければならないとか。）

“规矩太多,束缚感很强。”(ルールが多すぎる。縛られているような感じがする。)

“办事太死板，没有灵活性。”（なにかをするときにルールにこだわりすぎて臨機応変に欠けている。）

“既已形成的办事方式难以变通。”（すでにできたやり方を変えにくい。）

“喜欢提前很多天约定事情,然而自己也无法预知自己很多天以后的事情。”(ずっと先のことを予約しておかなければならない。しかし、先に何かあるか自分でも予測できない。)

“いろんなルールがあるが無用なルールと分かっても守らなければならない。”

(3) ゴミの分別について

何年前に、ＣＣＴＶのある番組では、日本千葉県我孫子市のゴミ分別のことを紹介した。それによると、我孫子市では、ゴミを10種類以上に分けて出しているという。これは、我孫子市に限ることではない。環境省によると日本は「世界一のゴミ分別大国」で、いまや6割近い市町村で、11種類以上の複雑な分別を住民がこなしているという（2007年11月19日付の朝日新聞による）。

こういう細かいゴミの分類になれない中国人の留学生が少なくない。

回答例

“日本的垃圾分得很细，刚到日本，觉得很头疼，必须在指定的日子扔各种垃圾，而且要指定塑料袋，现在有时候不小心还会弄错。”（日本のゴミの分類はあまりにも細かい。日本に来たばかりのときこれに頭が痛かった。指定された日だけにゴミを捨てられる。それだけでなく、ゴミ袋も指定されたものでなければならない。ちょっとうっかりすると間違えてしまう。）

“垃圾分类不习惯，垃圾桶比较少，没地方扔垃圾。”（ごみの分類になれない。ゴミ箱もすくない。ゴミを捨てるところがない。）

日本の街頭には確かにゴミ箱が少ない。あっても、ほとんど資源ごみ箱である。手元にあるゴミは基本的に持って帰るということである。これはゴミの分類もなく、街頭にいっぱいゴミ箱が並んでいて、いつでもどこでもゴミが捨てられる中国と異なっている。

(4) ワリカンについて

日本人は食事などに出かける時、ワリカンにすることが多い。おごりおごられるということもあるのだが、特に、親しい間柄では、ワリカンが互いに心の負担にならない最良の方法と考える日本人は多い。もし、だれかにおごられたら、その人は次におごり返すまで、相手の恩恵を負うことになるからである。

中国では、基本的にはワリカンという習慣がない。例えば、食事の場合は、誘ったほうが勘定をもつというのが暗黙のルールである。中国人の留学生が、ワリカンの習慣にとくになれていないという話を耳にしたことがない。友達同士のワリカンはむしろよい習慣だと受け入れているのである。ショックを感じるのは、恋人同士のような関係のワリカンの場合である。男が誘うなら、中国では、男が出して当然という暗黙のルールであろう。

回答例

“一个日本男同学邀请看电影，但向我索要电影票钱和手续费。我给男同学捎去一份食品，该男生吃完后又去买吃的却只给自己买了一份。”（日本人の男のクラスメートに映画を見に行こうと誘われたが、チケット代もそれに使われた手続きの費用なども払わされてしまったことはショックだった。そして、食べ物も彼の分を用意してあげた。かれも食べ物を買ってきたが、自分の分だけ買った。）

(5) プレゼントについて

中国人の贈り物は豪華で立派。これは贈り物にかける値段が高いほど、贈り物としての価値も高いとする文化があるからである。この点、贈り物は気持ちが大切とする日本人とははっきり異なる。この差異を敏感に感じる人が少なくなかろう。

回答例

“对礼物的态度不一样，日本人：小，频繁；中国人：贵重，关系面子问题。”（日本のプレゼントは高価ではないが頻繁に送る。中国のは高価で、メンツに関わるからである。）

では、なぜ、中国人はプレゼントが高価になるのかについて、『日本語』の「中国人·韓国人の不思議」[7]という文章では次のような説明を行っている。

高価なプレゼントをよしとする文化は、目に見えるものだけを信用するという実証主義がその根底にある。言葉も習慣も異なる民族が共生してきた中国では、お互いの心を推し量るのはなかなか難しかった。

贈り物もこれに等しい。いくら心をこめたといっても、心のこめ具合は目に見えない。だからだれが見ても、どれだけ値打ちのあるものか、はっきり分かるものがよい。高価なものを準備せざるを得ないのだ。

(6) その他

回答例

"高中妹校服裙太短。"(高校女子学生のスカートが短すぎる。)

"用红笔写字条。"(赤ペンでメッセージを書く。)

"生活节奏快。"(生活リズムが速い。)

"上下午中间休息时间太短，不能午睡。"(昼休みの時間は短いので、昼寝ができない。)

"包装纸太多。"(包装の紙が多すぎる。)

"うどんとごはんをいっしょに食べる。"

"たまごを生で食べる。"

"冬でもレストランに入ると、温かいお茶ではなく冷水が出される。"

確かに、日本の女子中学生、高校生たちは、真冬のときにもミニスカートをはいている。それが日本の独特の景色であろう。厚着をしている中国人はそれを見るだけで、鳥肌がたつであろう。

中国ではむかし赤いペンで死刑にされた人の名前を書く習慣があったので、中国の民間では「丹书不祥」と思われているようである。もちろん、教師が学生に赤いペンで点数をつけるなどは例外である。日本では"丹书不祥"という考えがないので、ふだんインフォーマルの場合は手元にあるペンをとってメッセージを書くことがある。赤い色の字だったら、中国人にとってなんだか違和感を抱きやすい。

日本人は包装や荷造りにこだわる。景気がよくなくなってから、包装の簡略化ということもあるが、ビジネスになると、やはり包装の完全さを求めている。

4. 対人関係に感じた違い

対人関係の点では、日本で生活している中国人にとっては、違和感を感じるのは主に差別・冷たさ、上下関係がはっきりしていることである。

(1) 差別・冷たさ

回答例

“很难和日本人成为真正的朋友，人际关系冷淡。”（日本人と真の友達になりにくい。人間関係がつめたい。）

“日本人と友達になりにくい。どのように付き合っても距離を感じる。それから友達関係を当時清算。”

“感觉人和人之间都很客气。可能是对语言的不精通，感觉朋友之间也不是很随便。”（お互いに遠慮している。自身の言葉の問題のせいか、友達同士も距離があると感じる。）

“冷漠，对中国人有歧视。”（つめたい、中国人を差別している。）

“对欧美人特别崇拜。”（欧米人を非常に崇拝している。）

“自転車は何度も警察にチェックされた。ショックだった。”

“学校の門のガードさんは、日本人だけにあいさつする。わたしにあいさつしない。”

“「俺が日本人！」「中国人はどうのこうの」という日本人がいる。いわゆる中国&中国人に対して軽蔑している日本人がいる。日本人と中国人との間では、まずみんな人間だ（動物じゃない）という立場からスタートしないと、コミュニケーションがうまく取れない。”

“没有同情心。不管什么理由，只要是失败了或坏了规矩就不可原谅。”（思いやりがない。理由はどうであろうと、失敗したらあるいはルールをやぶったら許してくれない。）

“生病了，无法赶到约好的地点，但没有人关心，同学和老师关心的只是即使去不成也需负担经费的问题。”（病気になって約束したところにいけなくなってしまったが、先生もクラスメートも大丈夫かと聞いてくれなかった。先生もクラスメートも気になっているのは、自分がいけなくなったことではなく、予約した合宿の合宿代を分担するかどうかの問題である。)

"日本人は口数が少ない。"

日本人の中国人に対する差別はいくつかの要因が考えられる。一つは、日本人は同質的集合的な特質があるため、国として、民族としての優越感をもたせる。もう一つは経済的に中国より進んでいるということで、日本人の中国人に対する人種差別のもとになっている、ということが考えられる。

また、日本人は「以心伝心」を大切にしている。したがって、寡黙で、あまり多言を弄さない性格をもっている日本人が割合に多いためか、「日本人は口数が少ない」というイメージを感じさせるのだろうか。

なぜ、日本人は口数が少ないのか。その主な原因は、日本人が単一民族に属し、言語も日本語だけで通用するという条件が挙げられるという。人種と言語が同じであれば、あまり言葉をかわさなくても、おのずから理解のできることが多い。そして、長い間の封建体制下の抑圧や全体主義体制下の言論統制も一つの原因だと言われている。

この点は、おしゃべり好きで相手のプライバシーにもよく立ち入って聞く中国人にとっては、ときには冷たく感じるのであろうか。

(2) はっきりした上下関係

日本はタテ社会であるため明確な形での上下関係が、集団組織内のシステムとして存在している。これらは集団組織内の相対的序列関係を形成しており、いわば先輩・後輩の関係、上司・部下の関係を作り出している。

回答例

"上司が下の人間に話す口調に慣れない。いわゆる何でも命令という言い方だ。"

"打工时,日本人的前辈后辈这种上下关系让我觉得无法接受。"(アルバイト先で、日本人の先輩、後輩というような上下関係に抵抗感がある。)

(3) その他

回答例

"没有个性、没有主见,讨厌出头。"(個性がない、意見がない、目立つのがきらい。)

“不担当责任以外的任何事。”（責任以外のことに絶対立ち入らない。）

日本は集団主義である。日本人は文化と価値に対して同調するように厳しく躾けられていると強調している。「出る杭は打たれる」ということで、なるべく目立たないようにしている人もいたりする。このような同質的集合的な日本人のイメージは、よい面と悪い面をあわせもつとしている。集団行動は安定している「和」の社会を作り上げている一方で、個性のない人間をもつくりあげたというネガティブなイメージも形成している。

5. 授業のやり方による悩み

授業についていけないと訴える中国人の留学生もいる。言葉の問題ではなくて、日本の大学の授業のやり方に慣れないということである。

回答例

“第一年我根本不知道上课在干什么（不是语言问题）。一年后才适应。”（第一年目は授業中なにをやっていたのかさっぱりわからない（言葉の問題ではない）。一年後やっと慣れた。）

“授業の形は中国と違う。クラスメートといっしょに発表の準備をしたりすること。”

“先生から知識を授かるだけではなくて、自分も参加するという形に最初はなれなかったです。大学院に入ってからもすごく困った。日がたつと少しずつ慣れるようになった。”

日本の大学、とくに大学院はゼミの授業が多い。中国の大学では、先生の一方的な講義がふつうである。中国のやり方になれた留学生の多くは、日本のゼミのやり方になれないと言っている。

留学生に「結局どっちが勉強になるのか」と尋ねてみると、「やはり日本のやり方で収穫が大きい」と答えた。中国の大学の授業の仕方は近年学生の主体性を育てることが重要視されるようになっているが、今後主体性を育てる具体的な方法や教育内容にさまざまな工夫をする必要があると思われる。

上述のように中国人が違いを感じた日本人の言語行動をめぐる問題について、いくつの角度から検討を加えてきた。

日本人や日本社会をどのように認識するか、これは、日本人と日本を個人的に知っているものなので、その認識は千差万別である。インフォーマント自身の価値観、考え方、経験、慣習などにかかわっているわけである。大切なことは、自分の価値基準で他人を判断してはいけないということである。

日本のお店のサービスは中国人に高く評価されている。店員の作り笑顔は、見てもうれしくて癒される。中国の店員が、サービス精神が欠けていて、日本に習うべきだと多くの人に思われるであろう。

それにもかかわらず、日本に生活している中国人は、中国に生活している日本人と同じように多かれ少なかれ、カルチャーショックを受けるということが明らかになった。コミュニケーション・ギャップになった原因は、文化によるギャップもあるし、ごく個人的なものもある。こういうコミュニケーション・ギャップで起こった感情的な対立が押し流されることなく、ギャップを率直に認め合うべきであろう。中日間コミュニケーションにギャップを生む現象をどのように分析し、どのように解消していくか、ということは、日本語教育にとって、大きな課題になっている。

観察・思考・分析をしてみよう

1. チャンスがあれば、異文化コミュニケーション摩擦について調査を行いなさい。
   - ✪中国に駐在している日本人は文化の違いを感じているかどうか。
   - ✪日本に駐在している中国人は文化の違いを感じているかどうか。
   - ✪中国人が困難に感じている日本人の行動はなんであろうか。
   - ✪日本人が困難に感じている中国人の行動はなんであろうか。
2. 文化的相違を感じる場合、困難に感じることもあれば、見習いたいと感じることもある。つぎのことについて話し合ってみなさい。
   - ✪中国人は日本人のどのような行動を見習いたいと感じているか。
   - ✪日本人は中国人のどのような行動を見習いたいと感じているか。

3. 以下はある中国人の留学生が戸惑っていた事例である。このことについて調査しなさい。

“我还有一个很不解的问题，在跟日本人上课时，有时会有些交流，也很友好。但下课后，在其他地方见到，我本来认为我们一起上课，所以能跟他们更友好地打个招呼，可不知道为什么，他们并不理睬我。这让我感到很不解，但下次上课时，又像同学一样在一块，说话交流。这是他们的一种习惯吗？我很想弄明白，希望以后能跟他们交朋友。”（まだわからないことがある。授業中、日本人のクラスメートと仲良くコミュニケートしているが、授業のあと、どこかで出会うと、いっしょに授業に出ているので、声をかけようと思うが、なぜか、彼らはわたしを無視する態度をとっている。これがわからない。しかし、次の授業では、やはりまた仲良くコミュニケートするようになる。これは彼らの習慣か。これから友達になれるようにこれを明らかにしたい。）

注釈

① 生田正輝，辻村明，編著．国際コミュニケーション日米共同プロジェクト3　日米間のコミュニケーション・ギャップ．慶応通信株式会社，1981.

② 王敏．日本と中国——相互誤解の構造．中公新書，2008.

③ 周宝玲．中日間の異文化経営と異文化コミュニケーション．立命館経営学．42（3）（245）．立命館大学経営学会，2003.

④ 山田仲美．新・にほんご紀行．日経 BP 社，2008.

⑤ ボニー・ウィリズム，著．加藤節雄，訳．コミュニケーションギャップ　“国際人”への壁をのりかえるヒント．青春出版社，2000.

⑥ 宮岸雄介．とらえどころのない中国人のとらえかた．講談社，2007.

⑦ 日本語．2010 年 2 月号．アルク，2007.

第４章　日本人が違いを感じた中国人の行動

この章では、中国にいる日本人は中国語に取り囲まれている生活の中で、なにに一番悩んでいるのか、中国人との言語行動的接触にどんな誤解があるのかにポイントを置いた。

これまでの研究では、中国進出日系企業で働く日本人に対し、日本人が理解するのに困難に感じていた中国人の行動についての調査がある。日本人が理解しにくい中国人の行動の上位５項目は第１位「チームワークがない」、第２位「自分の中国語の問題」、第３位「仕事 / 責任範囲しか仕事をしない」、第４位「仕事に関する報告・連絡しない」と「自主的に仕事に取り組まない」という調査結果であった（根橋 2008）①。

企業で働く日本人だけでなく、また、仕事上で感じている違いに限らず、もっと広い面での相違にも興味深い。そこで、中国の青島で生活している日本人をインフォーマントとして二つの質問を設定しアンケート調査を行った。この二つの設問はつぎのとおりである。

1）中国人とのコミュニケーションの中で違いを感じているところはなんですか。

2）中国で仕事をするときあなたが出会った問題や困っていることはなんですか。

インフォーマントの中では、会社で働く人のほかに、大学教師も留学生や家庭主婦もいる。年代も 20 代、30 代、40 代、50 代および 60 代にわたっている。それで、その調査結果も、日本人が違いを感じていた中国人の行動は企業行動だけでなく、非言語コミュニケーション、サービス業、宴会、公衆の場などのように多方面において違いを感じているということが表わされている。在中国の日本人と中国人の無用の「言葉による摩擦」、陥りがちな偏見、誤った思い込みを最低限に減らし、中国語と日本語とのコミュニケーションの特徴を明らかにするのに少しでも役立てるのを期待したい。

1. 非言語コミュニケーションに感じた違い

非言語コミュニケーションとは、言葉によらないあらゆる伝達手段を用いたコミュニケーションを指す。中国の青島で生活している日本人回答者32名が中国人の行動における非言語コミュニケーションについて「違いを感じる」上位項目はパラ言語、空間意識、対人距離、時間感覚、接触である。

(1) パラ言語

パラ言語には、声の質、音量、話速度、口調、抑揚、息の吐き方などが含まれる。話す内容ではなく、「話し方」の方法のことを指す。日本人が「違いを感じる」とするのはおもに音量のことである。中国人からみると、日本人が話をしているとき、唇の動きも活発ではないし、声も小さい。反対に、中国人の話し声が日本人にとっては大きく聞こえる。

そのほかにまた内容とかかわりのある話し方にも違和感が感じられている。たとえば、中国人の話し方は押しが強いといわれる。

回答例

「中国人の話し声が大きすぎ、けんかするようだ。」（女 25 歳）

「食べているとき、周りの食卓の人々の話し声が喧嘩かと思うほど大きくて驚いた。」（女 36 歳）

「声が大きい。音声にだけ着目すると、攻撃的な感じがする。」（女 24 歳　日本語教師）

「中国人同士の会話を聞いていると、大声で話し、まるでけんかしているように思える。」

「日本では公共の場では携帯電話への使用は極力避けるが、中国ではところかまわず大声で携帯電話を使いまくる。」（男　55 歳　職業：製造業）

「電車中、傍若無人に大声で携帯をかける人もつねに目に入るが、なんといってもいやな感じがする。」（女 25 歳）

一般的に言えば、日本人より中国人は声が大きい。食事の席や、公の場での議論も騒がしい。

中国人の話声がなぜ大きく聞こえるのであろうか。二つの原因が考えられる。一つは、中国の言葉は、漢字の羅列を読んでいて、一語一語はっきりと発音する必要がある。そのため声が大きく聞こえるようになる。また、中国の社会は自己主張する必要のある社会である。ある程度の音量がなければ、自己主張ができない。だれも自分のことを認めてくれない。集団の調和が重んじられる日本型社会では比較的、感情を抑えることを美徳としてきた。「人に迷惑をかけるな」という意識も強い。

交際化が進みつつある中国社会も、公衆の場でも意識的に声を控えるようになる人が増えてくるのも事実である。一方、伝統の美徳に挑戦し、公衆の場で憚らずに大声でしゃべる日本の若者をみかけることもある。

(2) 空間認識

対人距離、座席の位置、縄張り行動、身体の向き、並び方など各文化の人々は、対人空間を一定に配分して、それによって一定の情報、メッセージを相手に伝達する。日本人が「違いを感じる」のは対人距離である。対人距離に関し、アメリカ人と比べると日本人は初対面の人と話すとき、より長い距離をとる（西田司 2008）②。個人空間について、日本人のそれは非常に広く、できるだけ自分の空間を持とうとしているようである。日本人の対人関係では、やや離れたところから小さ目の声で話すことが相手に対しての尊敬心を表わすと言われているが、今度の調査では、中国人の対人距離と日本人の対人距離が異なっていることが確かめられた。

回答例

「日本人は一般的に相手との距離は、お辞儀のできる距離約 1 メートルをとるのに対し、中国人は体がふれそうなくらいに位置する場合もある。そのため、無意識的に違和感を感じ、距離が近いことに気づく。」（大学教師　32 歳　女）。

「距離が近すぎる。」（女　年齢不明　中国滞在暦 2 ヶ月）

「日本のレストランでは、部屋を仕切り、別々お邪魔しないように気を使うが、中国ではレストランはだいたいオープン的な状態で、食べているとき、周りの食卓の人々の話し声が喧嘩かと思うほど大きくて驚いた。」（女　36 歳）

興味深いことに、中国の空間に違和感を感じるとの回答は女性にしか見られない。空間意識に男女差があるのであろうか。

(3) 視線について

個人空間を調べる実験で、初対面の人間に対し、アメリカ人は相手の目を見て、日本人は目に視線を合わせないようにする、という結果が報告されていた。その事について、日本人は初対面の相手の目を見ることよりも、相手に目を見られることを嫌がっているというような説明もある。小さい時から、「相手の顔をじろじろ見るのは失礼だ」というようにしつけられているのだろうか。中国人の場合は、「相手の目を見て話しなさい」、あるいは、「相手の目を見て話してはいけない」など、このようなことについてはしつけられたことがないと思われる。

回答例

「話している時、いつも相手の目を見つめるとは、ちょっと気がまずいと思われる。」（女　36歳）。

「日本人より目の光が強いといつも思うのは気のせいだろうか。」

(4) 時間感覚

時間感覚とは、活動時間、物事の同時進行性、優先順位、待ち合わせの捉え方などを指している。日本人が中国人の時間感覚に違和感を感じるのは、時間を厳守しないところである。

回答例

「時間的感覚が乏しく、日方には多大なストレスとなる。」（男　66歳）

「“马上”（すぐ）と言われて30分。」

日本人は時間に関するルールを重要視する傾向が強い。

(5) 接触

接触とは撫でる、叩く、抱擁、握手、頬擦り、キス、ハッグなどを含んでいる。身体接触行動は、相手に好意を表す肯定的な身体接触行動と、相手に敵意を表す否定的な身体接触行動がある。肯定的な身体接触行動としては、握手、抱擁、キス、肩の叩きあいなどがあげられる。肯定的な身体接触行動と思われるものは異文化で誤解を招く場合がある。

握手は中国で古くから行われている。人と対面あるいは離別、または人になにかを依頼するときに相手の手を握る。日本人同士は日常生活において、初対面のときや久しく会わなかったときには伝統的なお辞儀が一般的である。握手という行為をよく目にするのは、スポーツの試合や政治家の場合のようである。握手という行動は中日間に差があるということは明らかであるが、今回の調査では握手に違和感を感じたという例は、ひとつもない。違和感を感じるのは中国人の女性同士が腕を組んで、あるいは手を取り合って歩くことである。中国では女性同士が腕を組んで歩くということは、ごく普通なことで、彼女たちが良い友達であるという印のようなものであるが、それに違和感を感じる日本人が多いようである。

回答例

「女性同士が手を取り合って歩くことをよく見かけます。これは決して気持ちのよいものではありません。」

「女性同士が腕を組んで歩くことを見たら、同性愛とは思いませんが、おかしいと思います。」

中国では、また、友達同士ではないが、親しみを表そうとする場合も腕を組んで歩くこともある。つまり、よく知らない仲でも通用するということである。

手を取ることも、中国では、昔からのごくふつうな接触である。これは古い小説の例からわかるのである。たとえば、

“(士隐)说着,便令人送女儿进去,自与雨村携手来至书房中。”(男性同士　《红楼梦》)

“袭人正在阶下倚槛追风,忽见湘云来了,连忙迎下来,携手笑说一向久别情况。”(女性同士　《红楼梦》)

“很干净伶俐的样子,含笑的问我:‘姓什么?找谁?’我还没有答应,亚茜已经从里面出来,我们见面,喜欢的了不得,拉着手一同进去。”(女性同士　氷心《両個家庭》)

日本では、恋人同士、男女同士以外に手を取り合ったり、腕を組んだり

することはほとんど見られない。中学生、高校生ぐらいの女子が手を取って町を歩くのをたまにみかけたことがあるが、大人の女性同士が腕を組んで歩くことがまれに見られない。同性愛とかレズビアンだと勘違いされるおそれがある。

「看護婦のいない時にも、二人で黙って手を取り合って、お互いになるたけ目も合わせないようにしている。」（堀辰雄『風たちぬ』）

この例は、恋人どうしのことである。

いずれにせよ、中国人は日本人ほど身体接触を避けようとしない傾向があると思われる。

ところで、多田（1978）③は『しぐさの日本文化』では、日本人の「ふれる」について、つぎのように述べた。

身体の触れ合いを避けさせる「文化」が、欧米にはかなり普遍的にあるらしいということだ。わたしたちの文化には、これはない。むしろ、わたしたちの間では、人と人との「触れ合い」が大事なのである。実際「今晩、一杯どうだ」と同僚の肩をたたいたり、女の子が笑いころげて相手の身体に触れることは日常よく目撃する事実である。

また、「へだたり」についての性別による差異にも触れた。

「へだたり」のとれた仲間でも、若い男どうしのばあいは、身体をぶっつけあい、そうして遠ざかったかなりの距離からかなりの大声でからかいあったりする。それが親愛の表現だ。

若い女の行動はこれとは対照的である。「へだたり」の完全な除去、相手の肩や腕への無邪気な接触、手をとりあっての町の散歩、服や小物を交換して身につける、あけひろげな表情でのおしゃべり——これらはすべて親愛の表現である。

この論述はいまのアンケート結果と逆になるようである。また、回りの日本人に聞いてみると、中学校、高校ぐらいの女の子は体の接触が見られるが、社会人になると、へだたりをとるようになる。同じ著者はまた「人と人の『接触』をなるたけ避けるというのが文明の大勢である」と指摘した。いまの日本人同士も文明が進むにしたがって、むかしほどの親密さを失いつつあるのではないか。

2．場面別による違い

(1) 仕事場での違い

仕事場での違和感は「違いを感じる」というより、不満を覚えることである。不満な項目は、チームワークがない、計画性がない、公私混同ということがあげられる。

回答例

「重要な決定事項が直前になるまで決まらない。もっと早く決まれば、事前に予定か計画をたてられるのだが。」（男　31歳　日本語教師）

「事業を円滑に進めるために、物を贈ったり食事に招待したりすることが公然と行なわれており、これは理解しがたい。公と私が混同されていると感じる。」

「チームワークの観念が希薄であるため、情報の共有化がスムーズに行なわれていない。また、情報伝達の迅速性が重視されていない。」

「事業の中、長期的ヴィジョンを計画する習慣がなく、企業経営の面でも『場当たり的』の印象が強い。」（男　66歳）

「仕事でのお金の支払いが非常に悪いことと、ビジネスでは公平ではないこと。」（男　54歳　2年）

(2) サービス業での違い

サービス業に対しても、客に対するもてなしが悪いという意見に集中している。

回答例

「サービス業の従業員は態度が割合に親しくない。お店であるものの値段を聞くと、店員がすぐ熱が出て強いて買わせるほど勧めている。買わないと、またすぐつまらない顔を見せる。小さな店へ物買いに行くのは、わたしにとって苦しいことになってしまう。」（男　43歳　教師）

「買い物の時、店員がお客を大切にしないことが多い。何事においても自分優先、自分さえよければ、という意識が強い。」

「買う側も売ってくれる人がいなければ商品を手にすることができませんから、日本ではお互いに謙虚な気持を持って、このような場合の会話をします。」

(3) 宴会での違い

中国の宴会での風景は日本と差が大きいということが日本人の「違いを感じる」によってわかる。

回答例

「人差し指でこつこつと軽くテーブルを叩く。『谢谢』の意味だ。」

「ご飯食べないと食べろと強要してくること。」（女）

「家に招待されて、ご飯をごちそうになったとき、『吃饱了，谢谢』」と言っても、『もっと食べなさい』と次から次に料理が出てくること。」（男）

「お酒を飲む席でかならずいっぱい飲まされること。」

中国人の接客態度に違いを感じるのは中国のことを書いている本にも見かけたことがある。

「『乾杯！』お酒をできるだけこぼしながら一気にあおった。みんないっせいにグラスを掲げて底を見せる。この習慣で、お互いちゃんと飲んだかどうか、確認しあっているのだ。」④

(4) 公衆の場での違い

公衆の場での違いはなんだか不満が多いようである。悪い習慣は目立っているためか、日本人の感じた違いはこれに集中している。

回答例

「中国人はにぎやかなことがすきだろう。特に春節の時、花の火の音がしきりに鳴り続いて且大きくて、全然眠れなかった。お祝いの気持ちはわかるけれども、ほかの休憩を取ろうとする人のことをまったく考えず結局迷惑をかけてしまうじゃないだろうか。」

「衛生面と公徳心に欠ける所がある、交通ルールを守らない人が多い。特に徒行者の意識が低い。」

「燃えるゴミと燃えないゴミの分け方はないが、ゴミだしのルールつまりちゃんとゴミ箱の中に入れるべきだろう。」

「順番ぬかしをする。」

「たんをはく人が多い。」

「横ずりする人が多い。」

「トイレに使用したティッシュを流せない。」

「連絡なしに断水。」

悪い習慣なら中国人としては反省しなければならないと思う。悪い習慣に注目される一方、中国人の親切を感じている下記のような回答例も見られる。

「子どもを抱っこひもで歩くと見られる。荷物を持ってくれた。」（女　30歳　専業主婦）

3．付き合いに感じた違い

中国人と付き合う場合、慣れないところも見られる。

回答例

「電話番号の伝達の仕方　人に番号を教える時は許可を取ってからにしてほしい。」

「部屋に案内したところ、すべての部屋を断わりなく見られた。」

「ルームメイトは断わりもなく友人を連れてきた、またはアポイントなしで部屋に来ること。」

「買い物した品物を見せる習慣。」

「バス・トイレが同じ場所。」

「時間を守らない。」

「中国人は自分の主張を貫くことが多い」（女　36歳）

以上の回答から見ると、日本人は中国人よりプライバシーを大切にしているような感じである。個人領域の認識差が異なっていると考えられる。

4．観念的な面での違い

観念的な違いについてのコメントも見られる。たとえば：

「中国語話者は漢字を見れば、およその意味がわかるという点では、ほかの非漢字圏のものに比べて有利な立場にあるといえます。しかしその利点が時には誤解を生んだり、中国語風の不正確な発音がコミュニケーションの妨げになっていることも否定できません。」

「日本人の行動の心の根底には儒教や仏教の精神が宿っているが、中国の若い方々は儒教や仏教について学んでいないので、そこから生じるさまざまな点についてずれ（違和感）がいろいろな方面に生じます。」（男　73歳　1年11ヶ月）

「日本人はなにをするとしても、『おもいやり』の心を持っているが、すなわち他人に迷惑をかけないように行動するというふうに小さい頃から両親が言い聞かせた。ところが、中国人はそんな認識はなさそうに見える。中国人はたぶん知り合いの人々に気を使っているかもしれないが、全然見知らぬ人々まで気を配り、迷惑をかけないと考えることはないだろう。」

もちろん、調査票では、「文化の違いなどを理解できたので、特に違和感を感じたことはありません。」というような回答も見られるが、とても少ない。ほとんどが多かれ少なかれ違いを感じている。異文化コミュニケーションでは、違いを感じるのは当たり前のことではないか。

アンケート調査によって中国人の発想、性癖、習慣、生態などはどのように日本と異なっているのかということをある程度垣間みることができた。日本人が違いを感じたところは、主に次のようないくつのことが言えるのではないか。

1）非言語コミュニケーション

①パラ言語　中国人の話し声が日本人より大きいこと。

②空間認識　個人空間は中国人のほうが日本人より狭いこと。

③視線　中国人は「相手の目を見て話なさい」というしつけが特にないが、

日本人よりよく相手の目を見つめるようである。

④時間感覚　中国人は時間的な感覚が日本人より乏しいこと。

⑤接触　日本人は、中国人の同性同士の手を組むことが気になること。

2）場面別による違い

仕事場にしろ、サービス業にしろおよび公衆の場にしろ、違いを感じるというより、不満を抱いていると言ったほうが妥当であろう。これから公衆道徳が高まるにつれて、違和感がなくなるのではないかと期待される。その日がきっといつか来ると信じている。もちろん日本側の中国側への理解もいっそう深まるようにとも期待される。

3）付き合いに感じた違い

付き合いについてほんとうに違いを感じるところもあるし、困っているというところもあるというようなことである。日本人が中国人よりプライバシーを大切にしているようである。個人領域の認識差の問題でもあると思われる。

4）観念的な違い

今回の調査では、中国の滞在暦や年齢などの個人情報を教えられる場合もあるし、教えられない場合もあるので、滞在歴や年齢別による分析などがあまりできなかったのが残念である。そして今後もっと人数を増やして、もっと充実した分析をしてみたい。

コラム　集団主義コミュニケーションの特徴と個人主義コミュニケーションの特徴

集団主義のコミュニケーション	個人主義のコミュニケーション
✪自分の意志をはっきり表さず，自己表現において「遠慮する」のであり，それによって受け手に対しては「察し」の能力を求めることになる。 ✪コンテキストに依存する度合いが高い。 ✪自己開示を好まない。自分のことを自分から相手に話すことを自己開示という。 ✪断定する言い方を避ける（語尾の「ではないか」「であろう」など）。	✪意見や考え方を明確に話す。 ✪コンテキストに依存する度合いが低い。 ✪双方向コミュニケーション：ターンテーキング（話者の交代）。 ✪自己開示をする。

観察・思考・分析をしてみよう

1. 以下は中国に留学していたある日本人が戸惑っていたケースである。

「私は日本人留学生です。いま中国の大学の留学生センターに住んでいます。隣は韓国人の留学生です。韓国の人はほとんど毎晩夜中まで友達とお酒を飲んで騒いだりしています。わたしはすごく困っています。どうしたらいいのでしょうか。クレームは直接本人に言うほうがいいのか、それとも大学の事務局に言うほうがいいのかと迷っています。」

あなたならどうするか。できれば、クレームの仕方について、日本人と中国人の両方を調査し、その結果を比べなさい。

コメント：日本でのクレームは角が立たないように人を介することが多いが、中国でのクレームは直接本人に言うのが一般的だろうか。

2. あなたは、コミュニケーションギャップによって起こるカルチャーショックを経験したことがあるか。

注釈

① 根橋（中原）鈴子．日本人が困難に感じていた中国人の行動 / 中国人が困難に感じていた日本人の行動．グローバル社会における異文化間コミュニケーション．西田ひろこ，編著．風間書房，2008.

② 西田司．日本人のコミュニケーション行動の特質．グローバル社会における異文化間コミュニケーション．西田ひろこ，編著．風間書房，2008.

③ 多田道太郎．しぐさの日本文化．角川文庫，1978.

④ 谷崎光．中国てなもんや商社．文春文庫，1999.

三、異文化コミュニケーションのポライトネス

ポライトネスとは

会話においてなるべく良好な人間関係を築けるように配慮して円滑なコミュニケーションを図ろうとすることをポライトネスという。しかし、一般用語から連想される礼儀正しさ、慇懃、丁重さのことではない、語用論的なものと捉える。これにはブラン&レビンソンのポライトネス理論がある①。

ポライトネスの概念として、ブラウンとレビンソン(1987)は、人には「積極的な顔」と「消極的な顔」という二つの顔（面子・フェイス・face）があるとする。ポライトネス（politeness）は、会話の参加者がお互いのフェイスを侵さないために行なう言語的配慮のことである。

a. 積極的な顔（ポジティブ・フェイス　positive　face）：個人から承認された望ましい自己像を維持することへの欲求。

b. 消極的な顔（ネガティブ・フェイス　negative　face）：個人の領域を維持し行動の自由を保つことへの欲求。

言い換えれば、「積極的な顔」（ポジティブ・フェイス）は、話し手が相手の「自分のことをよく思ってほしい」という「積極的な顔」を守る配慮。認めてやろうとするのである。「消極的な顔」（ネガティブ・フェイス）は、話し手が相手の「自分の領域を他人に侵されたくない」という「消極的な顔」を守る配慮。傷つけないでおこうとするのである。

人々は相互作用時に、一般的には互いのフェイス維持のために努力する。

これら2つの基本的欲求の概念を土台として、このフェイスが脅かされるフェイス脅かし行為（FTA）を避けるために適切なポライトネスを選択することをポライトネス・ストラテジーと呼んだ。そしてそのストラテジーを、大きく分けて3つ挙げている。

✪積極的な顔を満足させるために、相手に認められたいという意識を満

足させたり、話し手が相手に対して親密な行動をとったり、仲間と見なされている感じを高めるコミュニケーション手段は積極的ポライトネスストラテジーである。尊敬、賞賛、感謝、同意、同情、挨拶、祝賀などの発話は積極的ポライトネスストラテジーである。

例えば、先生からペンを借りたい学生の表現として、「ペンを借りてもいいですか。」をあげている。この文は学生と先生の関係が親しみのある、友好的なものであるのが感じられる。先生は、学生に好まれていると感じることができる。

✪聞き手に行動の自由を束縛された、負担を掛けられたと感じるのを減らすコミュニケーション手段は消極的ポライトネスストラテジーである。顧慮、謙遜、陳謝型、自責、寛容などの発話は消極的ポライトネスストラテジーである。

同じぺんを借りる行動であるが、「お邪魔してすみませんが、ペンを一本お借りできるかお伺いしたいのですが。」という文は、相手の迷惑を気にかけ、相手が持つ他人に妨げられたくないという欲求を配慮した表現になっている。

✪実際の会話の時には、フェイスを脅かす行為を表に出さないストラテジー、つまり話し手が自分の発話行為がフェイスを威嚇行為となるかどうかの解釈を聞き手に任すことになり、自分自身はその威嚇行為に対する責任を免れることになる手段をとる場合もある。これはフェイスを脅かす行為を表に出さないストラテジーである。これはオフレコードポライトネス・ストラテジーという。例えば、

A：Bさん、パソコンを買いたいんですが、お金が足りないので、○○万円を貸していただきたいんですが。

B：わたしもパソコンを買いたいんですが。（拒絶）

ある表現を無礼か礼儀正しいかと決めるのは、表現そのものではなく、その表現が使われる状況である。ポライトネスは実は状況判断である。言語形式はそれ自体では礼儀正しくも無礼でもない。話し手はどんな状況でなにを言うかによって、礼儀正しいか無礼かを判断されるのだ。ポライトネスは社会的判断なのであり、適切さの問題である[②]。

相手のフェイスを脅かすかどうかは、文化によって異なっている場合がある。

注釈

① 佐美まゆみ．談話のポライトネス——ポライトネスの談話理論構想．国立国語研究所，編．談話のポライトネス．国立国語研究所，2001.

鈴木睦．聞き手の指摘領域と丁寧表現——日本語の丁寧さはいかに成り立つか．日本語学．8 巻 2 号，1989.

浦真人．ポライトネス入門．研究社．フリー百科事典．ウイキペディア（Wikipedia），2008.

② ヘレン・スペンサー＝オーティー，編著．田中典子，ほか，訳．異文化理解の語用論—理論と実践—．研究者，2004.

中日対訳によって難しいことばを習おう

日本語	中国語
ポライトネス	礼貌
ポジティブ・フェイス	积极面子
ネガティブ・フェイス	消极面子
ポライトネス・ストラテジー	礼貌策略
積極的ポライトネスストラテジー	积极礼貌策略
消極的ポライトネスストラテジー	消极礼貌策略
オフレコードポライトネスストラテジー	间接礼貌策略

訳文

三、跨文化交流中的礼貌原则

什么是礼貌原则

礼貌原则是指，在会话中尽可能地注意建立良好的人际关系、力求交流得以顺畅进行的原则。然而，该礼貌原则并非指由普通用语中联想到的彬彬有礼、殷勤郑重，而是指从语用学角度把握的礼貌。这就是布朗和列文森的礼貌原则理论。

作为礼貌原则的概念，布朗和列文森（1987）认为人有两种面子，即“积极面子”与“消极面子”。礼貌原则是指会话参与者相互维护对方面子所进行的言语上的面子保全行为。

a. 积极面子是指人们对维护个人期许的自我形象的需求。

b. 消极面子是指人们对维护私人领域、保持行为自由的需求。

换言之，"积极面子"，就是说话者对对方"请为我着想"的所谓"积极面子"的维护，是去认可对方。"消极面子"则是说话者对对方"不希望自己领域被他人侵犯"的所谓"消极面子"的维护，是不去伤害对方。

人们在相互作用时，通常是努力维护对方的面子。

在人们的这两个基本需求概念的基础上，为避免威胁面子行为（FTA）的发生而选择适当的礼貌原则即为礼貌策略。礼貌策略大致分为 3 类。

✪为维护对方的积极面子，说话者会采取一些交流手段，诸如满足对方希望被认可的心理，或是说话者对对方采取一些亲密的行为，抑或提高对方被当作伙伴的感觉等，这些交流手段即为积极礼貌策略。尊敬、赞赏、感谢、同意、同情、寒暄、祝贺等言语行为都是积极礼貌策略。

例如，想从老师那里借支笔的学生对老师说"借支笔可以吗？"。这能让人感觉到师生关系是友好而亲密的，老师是被学生喜爱的。

✪减少对对方行为自由的束缚、不使对方感到负担的交流手段则为消极礼貌策略。顾虑、谦逊、道歉、自责、宽容等言语行为为消极礼貌策略。

同样是借笔的行为，若是表达为"对不起打扰了，想问一下能否借一支笔用用？"，则表现出很在意给对方添了麻烦，并顾及对方不愿被他人妨碍的需求。

✪在实际会话时，说话者有时也采用另外一种手段，即不把威胁到面子的行为表现出来、也就是说话者把自己的发话是否为危及面子交给听者理解判断，而自身对威胁到面子的行为不承担责任。这就是不把威胁面子的行为表现出来的策略，是间接礼貌策略。如：

A: 小 B，我想买电脑，钱不够，我想让你借给我 ×× 万日元。

B: 我也想买电脑呢。（拒绝）

某种表达方式礼貌与否，不取决于表达本身而取决于其使用的语境。礼貌原则实际上由语境来判断。语言形式本身没有礼貌与不礼貌之分。礼貌与否是根据说话者在何种情况下说了什么来判断。礼貌原则是社会判断，是得体问题。

文化不同，对是否给对方面子造成威胁的判断有时并不相同。

第5章　ポライトネスのストラテジー

❖ ポライトネスについて中日間に認識差が見られる。中国語では積極的ポライトネスストラテジー、日本語ではネガティブストラテジーが多用されるようである。

❖ 中国語では、相手に利益を与える場合には強制的であってもポライトネスであるが、日本語では相手に利益を与える場合であっても強制的になると、失礼になってしまう。

❖ 私的領域についての認識も、日本語と中国語とは異なっている。日本語は、特に目上や親しくない相手の「私的領域」に関わる発話に対する許容度が中国語より低いようである。異文化コミュニケーションの場合、ポライトネスの立場からいうと、日本人は話し手が相手の「自分の領域を他人に侵されたくない」という「消極的な顔」を、中国人はそれとなく脅かしてしまうようになるおそれがある。

第5章　礼貌策略

❖中日之间在礼貌原则方面的认识存在一定差异。汉语中较多使用积极礼貌策略，而日语中较多使用消极礼貌策略。

❖在汉语中，如果是为对方利益考虑，即使是带有强制性，同样是一种礼貌行为。但在日语中，即使是为对方利益着想，如果是强制性行为，便被视为一种无礼。

❖日语和汉语在有关私人领域的认知上同样存在差异。当对方是上司或者陌生人，如果说话涉及其“私人领域”，日语中对于该言语行为的包容度远低于汉语。在跨文化交流中，从礼貌角度看，中国人有可能会在不知不觉中威胁到日本人“私人领域不愿被他人侵犯”的“消极面子”。

1.「礼多人不怪」と「慇懃無礼」

日本人のポライトネスは、敬語を使用して、あまりなれなれしくない。相手を高めて尊敬語を使ったり、自分を低めて謙譲語を使ったり、決まった型の表現を使ったりして相手と自分との適切な距離を置くことである。一方、中国人のポライトネスは、話し手が積極的に相手に親近感を出して距離を近づけようという傾向が見られる。日本語では、「慇懃無礼」という言葉があって、丁寧すぎて、かえって無礼になって嫌みにとられるということである。一方、中国語では「礼多人不怪（礼多くとも、人怪しまず）」という言い方がある。たくさんお礼をしてもそれを責める人はいない、という意味である。「慇懃無礼」と「礼多人不怪」は、それぞれ多少中日間のポライトネスの相違を表しているのではないかと思われる。中日間のこのポライトネスの相違によって異文化間コミュニケーション・ギャップを引き起こす場合も少なくない。

次はある日本人が中国の家庭を訪問する時の会話である。この会話を通じて中日間のポライトネスの認識差を見てみよう。

〖訪問－1〗　A：主人　B：訪問客

中国語の会話	日本語の訳文
B：您好。	B：こんにちは。
A：山本先生，您好。请进。	A：山本さん、こんにちは。どうぞお入りください。
B：打扰您了。	B：お邪魔にまいりました。
A：见外了。大热天您跑来看我，我高兴还高兴不过来呢，快请坐。	A：他人行儀ですね。猛暑の日にわたしに会いに出かけて来てくださって、わたしはうれしくてたまらないですよ。さあ、どうぞおかけください。
B：谢谢。	B：ありがとうございます。
A：请喝茶，中国茶喝得惯吗？	A：お茶をどうぞ。中国のお茶は飲みなれましたか。
B：有时候喝，还行。	B：たまに飲みますが、まあ、大丈夫です。
A：烟、糖、花生、瓜子，想抽就抽，要吃就吃，不用客气。	A：たばこ、あめ、ピーナツ、瓜の種、吸いたかったら吸い、食べたかったら食べて、遠慮は要りませんよ。
B：越随便越好，咱们好好聊聊吧。	B：気ままにしてくださるほうがいいですよ。思い切りおしゃべりしませんか。

主人の中国人は積極的にお客さんの日本人に好意を示そうとする中国風の接客方式の会話である。しかし、この中国風の接客式の会話を日本語に訳すと、日本人にどう思われるのだろうか。日本語の訳文をまわりの日本人に見てもらった。感想も書いてもらったら、次のように書いてくれた。

【日本人からの評価】

◎日本人から見ると礼を尽くした会話だと思うが、冗長である感じも否めない。

◎Aさんの言葉はとても丁寧ですが、気楽な気分になれません。

◎日常会話としてのなめらかさに欠けています。表現も日本的ではありません。

上記の日本人の評価から中日間のポライトネスの認識差が見られる。積極的に相手に敬意を表す言語行動によって相手との距離を近づけようと思っているが、知らず知らずのうちに相手を遠ざけるようになる。

この日本語訳文は中国語表現に合うように訳されているのであるが、日本語的な言い方にすると、どう言うべきであろうか。日本人に教えてもらうと、次のようなものになった。

【参考訳文】

A: 主人　B：訪問客

B: こんにちは。

A: 山本さん、こんにちは。どうぞお入りください。

B: おじゃまします。

A: 暑いところを来てくださってありがとう。うれしいわ。遠慮しないでお入りください。

B: ありがとうございます。

A: お茶をどうぞ。中国のお茶は飲みなれましたか。

B: たまに飲みますが、まあ、大丈夫です。

A: お好きなものをどうぞ召し上がってください。

B: どうぞお楽になさってください。

2.「打是亲骂是爱」と「親しき仲にも礼儀あり」

中国語には「打是亲骂是爱」、あるいは「打是亲骂是爱，又亲又爱用脚踹」という俗言がある。子どもに手をあげたり叱ったりすることは、わが子を可愛いと思えばこそだ、という意味である。人間関係に応用されたら、叩くのはお互い親しいから、叱るのは愛しているから、ということであろう。けんかは愛し合ってる、お互い思ってるからというように解釈できるのである。

これに対しては、日本語には「親しき仲にも礼儀あり」という言い方がある。親密すぎて節度を越えると不和のもとになるから、親しい間柄でも礼儀を重んじるべきであるということ。そのほかに、類義の諺もいくつかあげられる。「心安きは不和の基」「親しき仲に垣(かき)をせよ」「思う仲には垣をせよ」「親しき仲は遠くなる」「近しき仲にも垣を結え」「よい仲も笠を脱げ」などなど。いずれも、人間関係としては、なれなれしすぎてはいけないということの教えである。

「打是亲骂是爱」と「親しき仲にも礼儀あり」を理解するために、もう一つの会話の例を見てみよう。

〖訪問－2〗食事の用意をしたからと、引き留められる

A：主人　　B：訪問客

中国語の会話	日本語の訳文
A：留下吃饭吧。	A：残って夕食を食べてください。
B：晚上有事，我得走了。	B：晩に用事があって帰らなければなりません。
A：一说吃饭，你倒要走。	A：食事をするというと、あなたは帰ろうとしますね。
B：真有事，早约定的。	B：本当に用事があるのです。とくに決めてあったもので。
A：好不容易来一趟，连顿饭都不吃，像话吗?	A：せっかく来たのに、食事もしないとは、お話になりませんよ。
B：改日奉陪，咱们喝他两瓶老白干。	B：いずれお伴致します。年代のパイカルを2、3本飲みましょう。
A：好，好，今天不吃饭，多坐会儿总行吧。	A：まあ、それでは、今日は食事はしないで、もうしばらくいるのなら、なんとかなるのでしょう。
B：那再坐半个钟头。	B：それなら、もう30分いましょう。

非常に自然な中国語の会話であるが、その雰囲気を伝えた日本語の訳文をまわりの日本人に見せたら、どんな感想なのであろうか。

【日本人からの評価】

◎中国の言葉は非常に直截的で、それに反して日本語は会話の相手の気持ちを尊重しているように思える。

◎Aさんはお客さまをとても大切にされ、精一杯のもてなしを心がけ、お客を楽しませようとされる気持ちがあふれています。日本人の会話はあいまいなところがあります。省略の中に相手の気持ちをくみとります。

◎「話にならない」は、ちょっと険悪な空気の時。

◎「話にならない」、こう言われると、聞き手は強く非難されているように感じる。

◎日本の場合はあくまで訪問客をたてる気持ちが多くあり、訪問される方はあまり自分の予定を押し付けません。

◎これではけんかになってしまいますよ。

中国語の"不像话"は、日本語の「話になりませんよ」でいうと、いくら親しい気持ちをこめて話しても日本人からとてもきつく聞こえるらしい。中国語では、相手に選択の自由を与えたりしないような責める口調は、場合によっては、仲間内である標識であり、相手に親しみを示す言動となる。一方、日本語では、あまり親しすぎて、かえって相手の心を傷つけるような言動になってしまう。

中国語では、相手に利益を与える場合には強制的であっても失礼ではない。英語も同じような傾向があるらしい。

（英）You must have it.

（中）好不容易来一趟，连饭都不吃，像话吗?

中国語と英語はこの場合、同じような響きがあると思われる。話しは少しずれるが、中国のブランド食品の「旺旺仙贝」をよく食べる人が少なくないのではないか。この食品の中の乾燥剤の表示に注目すると、それぞれ中・日・英という三か国語で書いてある。三か国語の言葉を比べることによって、中日のポライトネスの違いが見られる。

（中）请勿食用。（強制）

（日）食べられません。（選択可能性の提示）

（英）Do not eat.（強制）

中国語も英語も強制的である。相手に利益を与える場合に強制は許容されるということである。一方、日本語のほうはただ選択可能性の表示を提供するだけである。非強制的なネガティブ・ストラテジーが使われている。

上記の会話の中の「像话吗？」（話になりませんよ）は、相手をご馳走したいという気持ちがあるから、強制的な言葉遣いとはいえ、中国語では、失礼にならないどころか、むしろ親しみを感じさせる表現になっている。「親しき仲に礼儀なし」ということである。この場合、中国語も英語もポジティブ・ストラテジーを好むようである。

異文化コミュニケーションの場合は、中国人の積極的ポライトネス・ストラテジーはフェイスを脅かす行為を受け止める恐れがある。

上記の日本語訳文はやはり日本人に教えてもらって次のように訳されている。

【参考訳文】

A：ゆっくりして夕食を食べていってください。

B：晩に用事があって帰らなければなりません。

A：お食事もしないでもう帰るのですか。

B：本当に用事があるのです。前から約束していたのです。ごめんなさい。

A：<u>めったに来ないのに</u>、お食事もしないで帰るなんて。

B：また次の機会にお付き合い致します。酒でも飲みましょう。

A：まあ、それでは、もうちょっとゆっくりしてくださいね。

B：そうですね。あと30分ぐらいなら。

3. 私的領域についての中日の認識差

中国では、相手の給料とか年齢とか立ち入ったことも遠慮なく聞いてくる人が多い。よく話し相手にこういう質問をする。「おいくつですか。」「いくら稼いでいるんですか。」「結婚していますか。」「子どもがいるんですか。」「なぜ子どもがいないんですか。」、持っている物の値段などもごく自然に聞きあう。こうした質問は中国人にとって挨拶に近い感覚で、失礼なものだとは思わないが、日本人には戸惑う表現になる。

これは私的領域についての認識が異なっているからである。

日本語は、特に目上や親しくない相手の「私的領域」に関わる発話に対する許容度が中国語より低い。異文化交流の際、ポライトネスの立場からいうと、日本人は話し手が相手の「自分の領域を他人に侵されたくない」という「消極的な顔」を、中国人はそれとなく脅かしてしまうようになるおそれがある。

中日間の私的領域の認識が異なっているため、中国人の日本語学習者にはよく次のような誤用が出ている。

① 先生、お茶を飲みたいですか。

（「先生、お茶を飲みたいですか。」という言い方は、日本語では、先生のような目上に絶対に使えないということではないが、恐らくよほど先生と親密な関係でなければ使いにくいのだろう。）

② 先生、なにがほしいですか。

③ （パーティーで）お楽しいですか。

④ お休みは、何をなさるつもりですか。

⑤ これからどちらにいらっしゃるつもりですか。

⑥ 中国語、お出来になりますか。

⑦ 先生、お荷物お持ちになれますか。

上記の例は、すべて私的領域に立ち入ったことによる誤用なのである。日本語では、私的領域に立ち入る表現は次のようにまとめられる。

▸欲求・願望（たい、ほしい）

▸感情、心理、感覚

▸意思決定、予定、計画（つもり）

▸能力、可能性（できる）

日本語では、聞き手の私的領域に直接言及すると、相手に不快感を与えることがある。特に目上の人に「〜つもりですか」「〜たいですか」という尋ね方を使ったら失礼になる。上記の表現に問題があるのは、目上の人の「私的領域」に直接言及しているからである。「中国語ができますか。」と人に質問するのも、失礼なことになるが、そのかわりに、「話しますか。」

を使う。「できますか。」と能力を尋ねるのをなるべく避けようというわけである。

特に高齢者に対して、「お持ちになれますか」「お一人でできますか」といった表現を使わないこと。そういう言葉に、高齢者はとても敏感である。「お持ちになれますか。」ではなく、「お持ちしましょうか。」と尋ねることになっている。

つまり、「聞き手の私的領域」に直接言及しないのも日本語ではポライトネスの一つである。

上記①～⑦の表現はどう直したらいいのであろうか。

☞客観的な表現に変える。

・～は、飲みたいですか。	➞	～は、いかがですか ～召し上がりますか。
・何をなさるつもりですか。	➞	何をなさいますか。
・ピンポン、お出来になりますか。	➞	ピンポン、なさいますか。

☞聞き手ではなく、話し手の感情、行為として述べる。

・「楽しいですか。」	➞	「楽しいパーティーですね。」
・お持ちになれますか。	➞	お持ちしましょうか

私的領域についての認識は日本と中国は実に大きい。言語の面だけでなく、非言語におけるものも数え切れないほどたくさんある。例えば、中国人が理解できないことの一つは、日本人の女性がトイレに入ると、かならず水洗の音がするということである。日本人にとってはトイレで自然に出る音は失礼であり、プライベートなものだと思われている。今の日本の公衆トイレでは、ほとんど音姫という装置が取り付けられていて、「押」のマークのついたボタンを押すと、水を流す音がして、水の節約になったし、プライベートも保たれるようなものである。中国人にとっては、そもそも生理現象、ことの大小にかかわらず、まったく音などに気にする必要がない。

トイレ文化の中日の差について、相原（2009）も同じ旨の話をしたことがある[①]。非言語における私的領域の中日の認識差を示しているよい例だと思われる。

ポジティブストラテジーは日本語より中国語のほうが愛用されている。ポジティブストラテジーを多用する中国語は日本語に出会うと、強制的、相手のフェイスを脅かすおそれがある。一方、日本語はもっと消極的ポライトネスストラテジーを好む傾向が見られる。こういう日本語は中国語に出会うと、なんとなく情熱が足りないという感じがするのではなかろうか。

観察・思考・分析をしてみよう

1. ポライトネス理論でつぎの発話を分析しなさい。

① 嫁：おはようございます。

姑：おはよう。

嫁：お母さんはゆっくりお休みになってすればいいのに。朝、私がしますから。

② A：不好意思，这么晚打扰你啊。

B：没事，没事，刚好我也没睡。

A：抱歉啊，影响你休息，其实我是没办法才给你打电话，我也知道这么晚了你可能睡了，但是有一件事必须要问问你。对不起啊。

B：没关系，没关系，有什么事你尽管说。

ヒント：積極的ポライトネス・ストラテジーと消極的ポライトネス・ストラテジーのどちらなのか。

2. 下記の会話の下線部は字義的には相手を責める発話であるが、なぜ中国語で許容されるのか分析しなさい。

① <u>你这小青年太岂有此理</u>了！你是我妹妹的学生，第一次到我家里来，又赶上了吃饭的时候，不留下吃顿饭，怎么讲也都是我的不是了。

② 祥子：跟四爷说一声儿，我刚才在澡堂子里碰见了曹先生。

虎妞：哪个曹先生？

祥子：在大学堂里教书，早先我给他拉包月的，我找好了事由，他还叫我回去，明天就上工。拉上了宅门，买车的事兴许能快点！

虎妞：<u>你这小子真不知好歹</u>！我可不许你再去拉车，等我跟老头子说说，叫你就在咱厂里管点事，也正短你这么个人，有你吃的喝的，准比你天天跑臭脚去强。

祥子：我跟曹先生说好了。

虎妞：<u>地道窝头脑袋</u>，非去出那份臭汗不过瘾，是不是？

祥子：我还想买车呢。

虎妞：不要紧，连车带人我都白送了，你这小子有点儿运气，谁叫我看上了你呢？<u>我的傻骆驼</u>……祥子[②]。

参考訳文：

① あんたはけしからん。あんたは妹の学生だし、初めてうちに来たし、おまけにちょうど食事の時間だ。食事もしないで帰るっていうなら、どうしたっておれがわるものになるじゃないか。

② 祥子：じゃ旦那に伝えてほしんだ。さっき風呂屋で曹先生に会ったんだ。

虎妞：曹先生って、誰だい？

祥子：前に俺を月極めて雇ってくれた大学の先生だ。うまいことに先生が俺にまた来てくれって声をかけてくれた。あしたから仕事だ。お抱えになれば、車だって早く買えるかもしれねえ。

虎妞：なんてわからず屋なんだ！お前を二度と車夫になんかさせないよ。後でおやじに話すつもりだけど、あんたにはここでうちの仕事を手伝ってもらう。ちょうど、あんたみたいな人がほしかったんだ。そうすれば食べるには困らないし、毎日汗まみれになって車を引くよりずっとましだろ。

祥子：曹先生とはもう話がついてるんだ。

虎妞（怒る）：まったく根からの貧乏人だ。臭い汗をかかなきゃ気が済まないんだ。そうだろう。

祥子：俺は車が買いたいんだ。

虎妞：心配しないでいいよ。車も、あたしも、みんなただであげる。あんたって子はほんと果報者だ。このあたしがお前に惚れちまったんだから。あたしのおばかな駱駝ちゃん…祥子。

注釈

① 相原茂．ちくわを食う女—中国語学者の中日異文化ノート—．現代書簡，2009.

② 大山潔，ほか，訳注．戯曲　骆驼祥子．原作：老舎．脚本：梅阡．東方書店，2015.

四、異文化コミュニケーションにおける聞き手の役割

いかに人の話を聞くのか

コミュニケーション能力を構成するものとして、「文法的能力」「談話能力」「社会言語的能力」「方略的言語能力」がある。

「文法的能力」は、文法的に「正しい」文を用いる能力。

「談話能力」は、文の羅列ではない、意味のある談話・テクストを理解し、作りだす能力。

「社会言語的能力」は、言語が使用される社会的な文脈を判断して「適切な」表現を用いる能力で、社会的背景、互いの関係を判断して、会話の規則を適切に用いる必要がある。

「方略的言語能力」は、語彙や文法などの表現力の不足を補って言い換えや繰り返しや推測を行ったり、コミュニケーションの失敗を補って伝達するための方策などが含まれる。

上述のコミュニケーション能力は、「いかに話すか」に関する能力であろう。

宇佐美（2012）[①]は、日本語教育の立場で、これまでのコミュニケーション教育では、これからは、「いかに相手の発話を聞き、それにいかに反応するか」についての教育にも、もっと力を入れる必要がある、と指摘した。

「聞き手としての反応」は、話し手の発話の意図を即座に理解し、それに適した反応を返す必要があるという意味で、文法的には難しくなくても、高度なコミュニケーション能力のひとつである、と同氏が述べた。

水谷（2015）[②]は、日本語の日常の話し合いは、聞き手が話し手が未完した文を引き取って完結したりする。二人で共同して一つの文を作ったりしながら話し合いを続ける、と指摘した。次の例も挙げてくれた。

A: きのう出張で大阪へね。

B: あ、いらしたんですか。

つまり、話し手が未完成の文を言ったり、聞き手があいづちを打ったりするという共同作業として文を作りながら話し合いを続ける。これは日本語の話し方である。

水谷（2015）によれば、英語の話し方は、一人が話している時、相手は口をはさまずじっと聞くことを建て前としている。

中国語も英語と同じ傾向であろう。筆者の学校で日本語を教えていた日本人の先生に、中国人同士の話し合いぶりをそばで見たら、はらはらしていたと言われたことがある。なぜならば、ひとりが話している時、聞き手はほとんど反応していなくて、話がうまく進められるのかと心配だったから、ということである。

日本語では、話し手が文を聞き手に完成させたり、あいづちを打たせやすくするために、自分で中途終了の文を使う場合が多い。

観察すれば、日本語の話し合いでは、未完成の文が実に多い。

「紺はね、コロっていう柴犬（しばけん）を、子犬のときから育てていて、ポリシーをもってたんだ。犬とけんかしたり犬を叱ったりするときに、二本足で立って上からどなったり、あいている前足、それってつまり手のことだけど、でたたいたりするのはフェアじゃないってね。だからコロとけんかするときにはいつも四つんばい。あいつは真剣勝負のつもりでも、相手は気心の知れたコロだからね、なんていうか、じゃれてるみたいなものだったんだ。だけど紺が僕のうちに遊びに来たときね、そのころ僕は猫を飼っていて、そのころって五年前くらい、荻窪に住んでたころだけど、その猫と紺がけんかをしてさ、紺がいきなり四つん這いになってとびかかっていったもんだから、そりゃあ僕もおどろいたけどね、もっと驚いたのは猫だから、その猫、ガルボっていう名前だったんだけど、興奮しちゃってさ、猫は犬とちがって「手」を使えるでしょう。人間よりずっとしなやかに。しかもその手には刃がついているわけだから、紺の顔、血だらけになっちゃって、まるで時代劇の切られ役みたいにね。すごかったなあ、あれは。」（江国香織　『きらきらひかる』　P15）

これは小説の中のセリフで、聞き手の反応は表現されていないが、話し手の発話はほとんど未完成の文である。体言止め（「四つんばい」）、倒置、用言の連用形（「しなやかに」）、助詞（「て、てね、てさ、からね、だけど、だから」）などさまざまな形で、いずれも聞き手があいづちを打ちやすい形式である。

芳賀（2004）[③]は、日本語は用言によって叙述のしめくくられたセンテンスの末尾に付く終助詞は発言者の主観をそのまま表明すること、日本人は自己内感動に止まらず相手に持ちかけるということを、述べた。

とにかく、相手との共話を誘発するのは日本語の特徴的なやりとりである。

それに対して、中国語は、独立語で、接続助詞が少ないので、話を最後まではっきり言うのがコミュニケーションの特徴である。

日本語教育においては、「聞き手としての反応」を重要視するように主張されるのは、日本語の話し方は、英語、中国語などの話し方と異なっていて、学習者が日本語を話すとき、聞き手としての役割を十分果たせないか、不適切な応対や誤用も多く生じているためであろう。

この部分では、聞き手の反応としてのあいづち、とくに中国人の日本語学習者が間違いやすいところに焦点を当てることにする。

注釈

① 宇佐美まゆみ．母語話者には意識できない日本語会話のコミュニケーション．日本語教育のためのコミュニケーション研究．野田尚史，編．くろしお，2012.

② 水谷信子．感じのよい英語　感じのよい日本語　日英比較コミュニケーション．くろしお，2015.

③ 芳賀綏．日本人らしさの構造．大修館書店，2004.

訳文

四、跨文化交流过程中听者的作用
如何倾听

“语法能力”“话语能力”“社会言语能力”以及“交际策略能力”共同构成交流能力。

“语法能力”是指语法上正确表达的能力。

“话语能力” 是指能够理解并组织具有某种含义的连贯话语的能力，而并非句子的罗列堆砌。

“社会言语能力”是指能够对语言运用时的社会语境做出判断，并根据语境运用“恰当的”表达方式的能力。该能力要求对社会背景以及相互关系做出判断，并能采用符合会话规则的适当的表达方式。

“交际策略能力”是指为弥补词汇、语法等表达能力上的不足，而通过换种说法、重复、推测等方法弥补沟通失败的手段，从而进行有效交流的能力。

上述交流能力皆关乎“如何说话”。

宇佐美（2012）从日语教育的观点指出，在今后的教学中，更应重视和加强“如何倾听、如何对说话者的话语做出回应”方面的教育。

宇佐美还指出，“听话的人回应”是指听者要立即理解说话者的表达意图，并做出恰当的回应。这种回应在语法层面上看虽不是很难，但却是高水平交流能力的一种。

水谷（2015）指出，在日语日常对话中，听者需要接上说话者尚未说完的部分，一个句子由两个人共同完成，以使交谈继续。水谷举了下面的例子说明：

A：きのう出張で大阪へね。

B：あ、いらしたんですか。

总而言之，说话者话说半截，听者随声附和，说话者与听者协力完成句子进行交谈的方式，才是日语的对话形式。

水谷（2015）指出，英语的交流方式遵循着“别人说话时不能插嘴、要耐心倾听”的原则。

汉语和英语有着相同的倾向。在笔者学校教授日语的日本人教师曾说过，中国人之间的会话场景经常会使在一旁观看的日本人感到提心吊胆。究其原因，是因为中国人在说话时，听者几乎没有回应，这让人担心谈话还能否顺利进行。

在日语中，说话者为了让听者完成部分语句，并使其更容易对说话内容加以附和，经常有意把话只说一半。

仔细观察就会发现，日语在交谈时的确存在着许多话说半截的现象。

【日本小说原文 略】

虽然在该小说的台词中没有听者的应对，但可以看出说话者的表达大多数都是不完整的。如，体言结句（「四つんばい」）、倒置、用言连用形（「し

なやかに」）以及助词（「て、てね、てさ、からね、だけど、だから」）等多种形式，每一种形式的使用都使听者更容易加以附和。

芳贺（2004）在其研究中指出，日语中，以用言结句附加终助词的手法，可以如实反映出说话者的主观情感。日本人不满足于自己内心的感动，还会把自己的感动传递给对方。

总之，引导对方与自己共同对话，是极具日语特色的交流方式。

而汉语属于独立语，接续助词数量较少，因此一气呵成把话说完整是汉语的交流特征。

在日语教学中，之所以要呼吁大家重视“听者的回应”，是因为日语不同于英语、汉语的表达方式。学习者在说日语时，经常会因为没有发挥好听者的作用，而出现回应不得当或回应错误的情况。

在这一部分，关注的是作为听者回应的附和词的运用，尤其是学习者较易产生回应错误的情况。

第6章　あいづちのストラテジー

❖会話では、日本人はよくあいづちを打つし、あいづちを期待するところがある。一方，中国人は、日本人ほど頻繁にあいづちを打たない。

❖中国語は日本語よりもあいづちを打つタイミングが少なく、ポイントであいづちを入れるか文末で打っている。

❖中国語では、「对、对」「是、是」と重なって言う場合、相手の話を強く肯定し、自分の気持ちを相手に強く伝える効果がある。日本語では、「はいはい」「そう、そう、そう」という表現を使い過ぎると、特にタイミングやイントネーションによっては、相手の話の流れをさえぎる結果になってしまうこともある。

❖日本語のあいづちの表現形式は話し手と聞き手の間の親疎上下関係などによって変化する。

第6章　随声附和策略

❖在会话中，日本人常常通过附和语跟着别人的话应和，同样也期待别人应和自己。而中国人并不像日本人那样频繁地使用附和语应和对方。

❖相比日语，汉语中需要应和的时机较少，一般来说会在要点处或在一句话末了应和。

❖在汉语中，使用“对、对”“是、是”等重叠表现的附和语，可以表现出对对方所言的强烈肯定，同时具有将自己的情绪强烈表达给对方的效果。而在日语中，如果过度使用“はい、はい”“そう、そう、そう”等叠词表达，特别是当应和时机及语调不当时，有可能妨碍谈话的进行。

❖日语中附和语的表达形式会根据说话者与听者的上下关系及亲疏程度的变化而变化。

あいづちとは、聞き手が相手の話にうなずいて巧みに調子を合わせ、話者に関心を持ち、理解していることを示すものである。あいづちは聞き手が会話に積極的に参加していることを示すことで心地よい会話には必要不可欠なものとされる。日本語の日常の話し合いでは、一人が長々と話し続けるのを聞き手が黙って聞くという形は少ない。

会話にあいづちを打たないでいると、話している相手を不安がらせてしまうおそれがある。逆にあいづちをやり過ぎると早く会話を終わりたいのかと思われてしまう。会話には適度なあいづちが必要である。また、同じ形式のあいづちであっても、イントネーションやアクセントによって、異なった感想や感情が伝えられる。

日本人は「和」を大切にするので、会話の最中に互いに気持ちが一致していれば安心するし喜ぶ。それで、よくあいづちをうつし、あいづちを期待するところがある。日本人同士の会話では「ええ」「はい」「なるほど」「そうね」などと、あいづちがよく聞かれる。

中国語の会話にもあいづちをうつ必要がある。だが、あいづちの機能、あいづちの頻度、あいづちのタイミングなどは日本語とまったく同じであるわけではない。中国人の日本語学習者は母国語の影響によるあいづちを打つと、不自然に聞こえる場合もあるし、相手の気分を害する可能性もある。

あいづちは、日本語の表現形式として、応答詞、感動詞、副詞、繰り返しといった言語行動もあるし、うなづきや笑いのような非言語行動も含まれるが、本章では、言語行動に焦点を当てることにする。

また、日本語学習者が陥りやすいあいづちの誤用にも注目したい。

1. 日本語のあいづちの概観

あいづちの機能に関しては、堀口（1997）[①②]、メイナード（1992）[③]などの研究によって、だいたい次のように分類できる。

あいづちの機能

聞いているという表示	ええ、はい、そう、はあ、そうですか　など
了解という表示	そうそう、そのとおり、そうね、なるほど、さすがですね　など
同意という表示	そうそう、はい、うん、そのとおり、そうね、なるほど　など
否定という表示	うそだぁ、それはないよ、ありえない、まさか、そうでしょうね、でもそうかしら、それは違うだろう、そうかな　など
感情（驚き、興味、関心、同情）の表示	へぇー、なるほど、うそー、すごい、それで、スゲェじゃん、お気の毒に、残念だね　など

日本語のあいづちは多くの機能をしている。同じあいづちでも、場合によってそれぞれ違った機能をしている。

益岡（2004）[④]は若い世代の「そうなんだ」というあいづち表現について、例をあげながら次のように述べた。

①―さっき、気分がわるかったの？

―そうなんだ。

②―わたし、この前、車の免許を取ったの。

―そうなんだ。

「そうなんだ」は「伝達型」と「認識型」という二つの型がある。伝達型というのは、自分が持っている知識を聞き手に情報として伝達するタイプで、認識型というのは、聞き手から得た情報により新たに知識を獲得したということを表すタイプだという。

言い換えれば、「そうなんだ」は場合によって、「伝達」か「認識」という機能をしている。

異文化コミュニケーションでは、あいづちの機能の多様さによって、実際には日本人たちは自分たちの提案を理解していると言っているだけのあいづちを日本人が自分たちの提案に完全に同意しているものだと考えてしまう場合がある。「はい」「うん」などは、異文化コミュニケーションでは誤解されやすいあいづちである。「はい」「うん」などはただ「聞いているという表示」でもあるし、「同意という表示」でもある。

また、あいづちは、話し手と聞き手の上下親疎関係によって変化している。「うそー、ありえない」「まじで、すげえじゃん」などは、同年代や親しい友人ならいい、目上の人や親しくない人にはよくない。

あいづちの頻度に関する研究も数多く報告された。水谷（1988）⑤は、話し手が平均約24音声節話すごとに聞き手があいづちを入れて、一分あたりのあいづち回数は平均15～20回だという結果を得ている。年齢、性別、話し手と聞き手の上下関係、話し手と聞き手の親疎関係、談話の目的、談話の内容、談話の流れなどの要因によって変化しているが、日本語のあいづちが会話では頻繁に入れられていることがわかった。

あいづちのタイミングについて、「うん」「ええ」「はい」「ええ」のように句の切れ目であればどこでも打てるものもあるし、「ほんと」「そう」「そうですね」「そうですか」「なるほど」などのように、相手が伝えようとしている内容がわかってから打つものもある。水谷（1988）は、「て」「けど」「から」「てね」「けどね」「からね」などで終わるところにあいづちが入りやすいと指摘している。たとえば

③ —きのう広島で学会があって…

—ええ

—ちょっと無理して出かけていったんですけど…

—ええ、ええ

聞き手が適切なタイミングで打つあいづちは、話し手を励まし、雄弁に語らせる役割をしている。逆に先取り（それってこうなるんだよね）、横取り（あ、知ってる！それって）、さえぎり（ねえねえ、わたしがね）などのようなあいづちはタイミングの悪いあいづちである。

とにかく、日常の話し合いでは、話し手は聞き手のあいづちを待って話

を続け、聞き手は頻繁にあいづちを打って、文を作っていく話し方である。話し合いは話し手と聞き手との共同作業である。中国語では、話し手が、話しているとき、聞き手が黙ってじっと聞く話し方が多いようである。

2. 中国人が陥りやすい「中国式日本語のあいづち」

中国語にも相手の言ったことに対して、「是(はい)、対(そう)、对呀(そうよね)，嗯(うん、ふーん)、哦(わかった)、是这样的(そうなんだ)、那倒是(そりゃそうだ)、哪里(とんでもない)、是吗?(そうなの?)、对吗(これであってる)、不会吧(うそでしょ、ありえない)、原来如此(なるほど)、真厉害(それはすごい)」のように同意、否定、了解、疑問、驚きなどを表すあいづちがよく打たれる。

中国語のあいづちのバリエーションも豊富である。強い同意・共感を表す時は、「就是」「可不是!」「可不是吗?」などといって、日本語の「ほんとうに」「まったくねえ」にあたる。

しかし、中国人学習者の日本語における会話では、あいづちの使用に関して、何となく不自然と思われる場面が少なくない。その不自然さの原因には、母国語干渉もあると考えられる。

以下は中国語の影響による誤用だと考えられる。

(1) あいづちの頻度差による誤用

中国語にも「唉」「对」「是啊」などのあいづちもよく打たれる。しかし、中国人は、日本人ほど頻繁にあいづちを打たない。日本人は「話を聞いているよ」という意味でもあいづちをよく打つが、中国人は「話を理解したときや同意したとき」にあいづちを打つ。中国語は日本語よりもあいづちを打つタイミングが少なく、文中で打たれることは少なく、ポイントであいづちを入れるか文末で打っている。そして、日本語学習者があいづちを打たずに新たなターンに移行することに日本語母語話者が違和感を持つという報告(伊藤 1993)⑥がある。日本語においては「あいづち+実質的発話」のパターンが一般的なターンの開始の型であるという。

次は中国語の会話と日本語の会話の対訳である。中日の差異を比べてみよう。

中国語の会話	日本語の訳文
鲁：听小王说近来你身体欠佳，是吗？	魯：王さんの話によると、近頃は体の具合が悪いそうですが、ほんとうですか。
张：就是头疼，有点发烧，身子懒洋洋的。	張：ええ、頭も痛いし、熱もあるし、体もだるいんです。
鲁：有几度热度？	魯：それはいけませんね。熱が何度ありますか。
张：昨天是三十八度五。刚才量了，已经不发烧了。	張：きのうは38度5分でした。さっきはかりました。もう熱がないんです。
鲁：那太好了。吃药了吗？	魯：それはよかったですね。薬をのみましたか。
张：吃了。这是昨天从医院药房领来的药。	張：飲みました。これは病院の薬局からもらったのです。
鲁：吃饭了吗？	魯：そうですか。食事をしましたか。
张：没有食欲。从早上起来之后什么也没吃，只喝了些橙汁。	張：いいえ、食欲がなくて。朝からなにも食べていないんです。オレンジジュースしか飲んでいません。
鲁：那可不行啊。我去买点儿吃的来，你这几天就别去上课了，在家好好休息吧。	魯：それじゃ、いけませんよ。食べ物をちょっと買ってきます。この二三日は授業に出ないで、家でよく休んでください。

日本語文に訳す場合は、網掛けのところではあいづちを打たないとどうも不自然な気がする。つまり、新たなターンに移行するときに、日本語では、あいづちを打つ場合が多い。

また、中国語のコミュニケーションにおいては、聞き手が「はい」や「ええ」「うん」などに相当する言葉を頻繁に挟む必要がないので、話し手が用件について、一気に言ってしまう場合が多い。それに対し、日本人の会話では、聞き手は何も言わず、話し手だけが一方的に話しつづける、というパターンは存在しないのである

つぎの会話例は、それぞれ「中国式会話パターン」と「日本式会話パターン」で、その違いを比べてみよう。

中国式会話パターン	日本語式会話パターン
学生：先生、お忙しいところをまことに恐れ入りますが、わたしが書いたこの作文をちょっと見て直していただけないでしょうか。 先生：…	学生：あの、先生… 先生：はい 学生：お忙しいところ、まことに恐れ入りますが… 先生：いやいや 学生：実はこの作文のことなんですが… 先生：うん 学生：ちょっと見ていただけないでしょうか。 先生：…

水谷（2015）[⑦]によると、日本語では、語句の丁寧さより手順の踏み方のほうが重要である。日本語の会話の流れとしては、三つの段階がある。

1）場づくり

2）話題づくり

3）話題実行

例えば、道を尋ねる場合、

1）場づくりの段階で、相手を話し合いの場におく。	あなた：あのう… 通行人：はい。 あなた：すみませんが。 通行人：はい。（あるいは無言）
2）話題づくりの段階はこれから言うことがどんな内容のことか、相手に心の準備をさせることである。これがないと唐突になる。	あなた：駅へ行きたいんですけど、 通行人：はい（あるいは無言）
3）話題実行の段階になる	あなた：どう行ったらいいでしょう。

この三段階では、あいづちが重要である。

中国人の日本語学習者は母国語の影響で、中国式日本語を口にする場合が多い。話し手としては一気にしゃべらずに、聞き手としては、あいだに適度な「あいづち」を打つのは日本語らしい会話パターンになる。

(2) 重なるあいづちの誤用

重なるあいづちというのは、中国語の「是是是」「对对对」、日本語の「はいはい」「そうそう」といったようなものをさしている。張（2003）[⑧]はこういうようなあいづちを中国語で「叠音附和词」という。

中国語の重なるあいづちと日本語の重なるあいづちとは会話における役割が異なっていて、異文化コミュニケーションの場合、それによって誤解を招くという報告がある。

まず新聞よりの「こどものつぶやき」を見てみよう。

妹を見た母が「見て、ハイハイしてるよ」と喜ぶと、突然自分の右手を挙げ「違うでしょう。ハイでしょう。お返事は一回だよ」と教えていた。（『朝日新聞』2002/10/11）

というのは、日本では子どもがふつう「返事は一回しなさい」というふうに躾けられていて、「はいはい」というような二回あいづち（重なるあいづち）は場合によっては避けるべきものなのである。

なぜなら、「はい、はい」「そう、そう、そう」という表現を使い過ぎると、この人は軽いというイメージを持たれてしまい、印象が悪くなる場合があるからである。

重なるあいづちについて、堀口（1997）も、「もうその話は知っている」とか「その話にはあまり興味がない」というような聞き手の反応の現れである場合もある。特にタイミングやイントネーションによっては、相手の話の流れをさえぎる結果になってしまうこともある、と指摘している。

一方、逆に中国語では、「对、对」「是、是」と重なって言う場合、相手の話を強く肯定し、自分の気持ちを相手に強く伝える効果がある。場合によって逆に肯定の意味の「对」が一回だけで済んでしまうと、相手の話について賛成度が低いという事も考えられる。

相原（2009）[⑨]も中日の返事の差異について次のように指摘した。

日本語では「はい」という返事は一回と決まっている。「はい、はい」と二回言おうものなら、「はい」は一回でよいと直される。「はい、はい、はい」と三回も言おうものなら、一遍で心証が悪くなる。この野郎、人をばかにしているのかと、胸ぐらをつかまれかねない。

中国語では、「是」と一回言うよりも、「是、是」と二回繰り返したほうがより従順な感じがある。「是、是、是」と二回と三回いえば、あなたに完全に服従しますという意思の表れだ。中国語では、「是」という承諾の返事はたくさん言ったほうが丁寧なのだ。

つまり、重なるあいづちの丁寧さは、中国と日本は、逆となっている。

④ 潘月亭 :（拿吕宋烟）你怎么知道谣言一定可靠?

李石清 :（卑屈地笑）是，是，您说这是空气? 这是空户们要买进，故意造出的空气?（曹禺《日出》）

⑤ A : 我觉得老李是完全错误的。

B : 是啊是啊，老李太不对了。

⑥ 混んでいたバスで、急にブレーキをかけられたので、A が隣の人の B にぶつかって

A : 对不起，对不起。

B : 没事，没事。

中日重なるあいづちのニュアンスによって、誤解を招く場合もある。

次は中国で講義をしたことのある日本人先生が漏らした中国人の教え子への愚痴である。

かつて教えた学生の中に、すぐ「はいはい」と二度返事をする人がいた。また、あれこれ教えていると、まるでそんなことは知っているといわんばかりに「そうそう」とあいづちを打つ学生もいた。まるでこちらを小馬鹿にしたような印象を受けたり、謙遜な態度に欠けるように思って、あまり愉快な気持ちではなかった。

中国人の日本語学習者の「はいはい」の誤用は、まさに「是是是」「対対対」という二回、三回のあいづちの日本語への移転なのである。相手を小馬鹿にしていたというより、むしろ逆に謙遜的な態度を示していたのである。

日本語の世界でも、支持的な発話、大賛成の場合に、重なるあいづちが使用されるが、親しい者同士に限られている。そして、友達どうしなら、何回ものあいづちができるようである。

⑦（女子高校生のおしゃべり）

A：味も違うのよね。関西って薄いんでしょ。

B：入らないよね。考えてみたら。

A：だめ。口に合わないって。

B：食べる気もしないじゃない？

A：そうそうそう。

この場合、「そうそうそう」は距離を近くする。ただ、くだけた雰囲気の場では、目上にも使えないというわけではない。

(3)「うん」と「嗯」の差による誤用

中国語では、日本語の「ウン」と類似した発音の「嗯」がある。多くの学習者が、上下親疎を問わず「嗯」を使っている。これも、日本語の「うん」によく似た中国語の「あいづち」を、そのまま使ったからなのである。目上やあまり親しくない人の話に「うん、うん」と「あいづち」を打ったら不快にさせるおそれがある。日本語の「ウン」は待遇的な意味があって、目上に対して使用する際には強く制限されている。それに対し、中国語の「嗯」は待遇性が低く、聞き手との関係によって使い分ける必要がない。

(4) 文体によるあいづちの誤用

日本語では、コミュニケーションの「フォーマル・カジュアル」という立場では、「硬さ・軟らかさ」「あらたまり・くだけ」[10]という区分けが見られる。あいづちにも、「硬さ・軟らかさ」と「あらたまり・くだけ」がある。日本語のあいづちの表現形式は話し手と聞き手の間の親疎上下関係などによって変化する。つまり丁寧な会話で使うあいづちとくだけた会話で使うあいづちが異なっている。しかし、これはよく中国人の日本語学習者に無視される。会話中、目上や親しくない人に「うん、うん」とあいづちをうつのはよくないが、友達同士に、「はい」のような丁寧なあいづちを打つことも不適切である。次は学習者の日本語のロールプレイである。

⑧A：李さん、あした、なにか予定がある？

B：いいえ、別に（→ううん）

A：それじゃ、家へ遊びに来ない？

B：いいの？うれしい！でも、道がちょっと…

A：そうよね。まず、大学路から降りて、それから203に乗り換えて。

B：まず大学路から降りてそれから 203 番に乗り換えるね。

A：はい、それから海水浴場で降りて、進行方向にまた 5 分間ぐらい歩けばいいのよ。（→ええ、うん）

網がけのところのあいづちは不自然で、丁寧すぎるような気がする。それぞれ「ううん」と「ええ」あるいは「うん」に変えれば、自然な会話になる。

くだけた会話の場合は、性別差や年代差や方言もあって、注意する必要がある。

丁寧な会話で使うあいづちとくだけた会話で使うあいづちとの対照

丁寧な会話で使うあいづち	くだけた会話で使うあいづち
はい / ええ	うん / ええ
そうですね	そうだね（男）
そうでしょうね	そうね（女）
そうですか	そうか、そう、そっか
そうなんですか	そうなのか（男） そうなの（女）、そうかしら（女）
そのとおりですね なるほど	そのとおり なるほど
ほんとうですか	ほんと、へえ、まじ、ほんま（関西弁）

観察・思考・分析をしてみよう

1. 次は学習者のロールプレイの会話である。あいづちの不適切さを分析しなさい。

✪ 女 A：どうして急に推理小説に興味を持ったの？

女 B：別に興味があるわけじゃないけど、ただ最近ちょっとつまらなくて。

女 A：そうか、日本の作品？

コメント：あいづちには「やわらかさ」と「硬さ」があり、「そうか」は女性にとって硬い。「そうか」より「そう」「そうなの（女性）」「そうなんだ」などが自然。よりカジュアルな言い方で「そっか」

などとも言ったり。

✪ 女 A: 最近、映画を見た？

女 B: いいえ、毎日忙しいから、時間がないよ。

女 A: そうですか。

コメント：親友同士の会話では、「そうですか」は、改まりすぎている。「そうなんだ」「そっか」のようなくだけたあいづちのほうが自然。

2. 次の中国語の会話を日本語に言い換えなさい。中国語では、ほかにどんなあいさつがあるか観察しなさい。

✪ 李静：咱们同学见面，可太不容易了。

王婷：可不是，都忙，没工夫见面。

✪ 邻居甲：既然漏得厉害，不修怎么行?

邻居乙：谁说不是!

参考訳文：

✪ 李静：わたしたち同級生が顔を合わせるのはむずかしいわねえ。

王婷：まったくね。みんな忙しいし、しじゅう顔を合わせるひまがないわ。

✪ 隣の人甲：雨漏れがひどいのに、修理しないでいいものかね。

隣の人乙：おっしゃるとおりです。

注釈

① 堀口純子．あいづち研究の現段階と課題．日本語学．10 月号，1997.

② 堀口純子．日本語教育と会話分析．くろしお出版，1997.

③ メイナード・ｋ・泉子．会話分析．くろしお出版，1993.

④ 益岡隆志．若い世代のあいづち表現『そうなんだ』．言語．11 月号，2004.

⑤ 水谷信子．あいづち論．日本語学．12 月号，1988.

⑥ 伊藤博子．談話の指導―バックチャンネルからの展開―．日本語学．12 巻 8 号，1993.

⑦ 水谷信子．感じのよい英語　感じのよい日本語　日英比較コミュニケーション．くろしお，2015.

⑧ 张韶岩 . 关于日汉语叠音附和词的语用迁移与语用功能 . 王秀文 , 编 . 日本语言与跨文化交际 . 世界知识出版社 , 2003.

⑨ 相原茂 . ちくわを食う女　中国語学者の中日異文化ノート . 現代書館 , 2009.

⑩ 石黒圭 . 書き言葉・話し言葉と『硬さ / 柔らかさ』——文脈依存性をめぐって . 日本語学 .1 月号 , 2015.

五、異文化コミュニケーションの言語行動

言語行動とは

言語によって、人と人がなんらかのコミュニケーションをする行動を「言語行動」という[①]。

言語行動には、様々なレベルの行動が含まれ得る。

- ✪実質的な事実や情報を叙述したり伝えたりする機能の言語行動：情景の描写、事実経過の説明、情報の提供、意見の主張や発表、自己紹介など。
- ✪人に働き掛けて、その人を動かす機能の言語行動：質問と応答。提案・説得・勧誘・要求などと、これへの承諾・拒否。謝罪・詫び。謝礼・なぐさめ・励まし・褒める・叱るなど人の気持ちへの働き掛けなど。
- ✪話し手の感情や感覚を表出する機能の言語行動：喜び・悲しみ・怒りの表出。祝辞・弔辞の儀礼など。

日本語の教育や研究で頻繁に議論されるものは、「勧誘」「要求」「提案」「謝罪」「謝礼」「依頼」などである。

五においては、「あいさつ」「謝罪」「慰め」「説得」「ほめ」「貶し」「反対意見表明」「値切り交渉」「前置き」に焦点をあてて検討するものである。いずれも実際のコミュニケーションを深く進める際によく行われる言語行動である。ただし、「あいさつ」は、相手に対して敬意や謝意などを表すこと（『デジタル大辞泉』）で、中国語のあいさつとしての「你吃饭了吗？」、日本語のあいさつとしての「どちらへ」のように、実質的な内容を伝えたりする働きは薄く、この点でほかと異なった言語行動である。

これらの言語行動におけるストラテジーの中日の違いが誤解を生じさせる原因となるのではないかと考えられる。

注釈

① 真田信治，ほか．社会言語学．おうふう，1992.

訳文

五、跨文化交流中的言语行为

什么是言语行为?

人与人之间通过言语进行的交流行为，被称作言语行为。

言语行为包含多种不同功能的行为。

✪具有叙述、传达实质性事实或信息功能的言语行为：包括情景描述、事情经过的说明、信息提供、观点主张或观点表达、自我介绍等。

✪具有对他人及其行为产生影响功能的言语行为：包括提问与应答；提议、说服、劝诱、要求以及与此相应的承诺与拒绝、赔罪道歉、致谢、安慰、鼓励、褒奖、训斥等影响他人情绪变化的行为等。

✪具有表达说话人情感及感觉功能的言语行为：包括开心、悲伤、愤怒的表达；贺词与悼词的礼仪等。

在日语教学与研究中，频繁引发讨论的是“劝诱”“要求”“提案”“赔罪”“致谢”以及“委托”等行为。

第五部分以“寒暄”“道歉”“安慰”“说服”“夸赞”“贬损”“陈述反对意见”“讲价”以及“前置表达”为焦点展开探讨，都是随着交流的深入经常实施的语言行为。其中，“寒暄”是指向对方表达敬意与谢意的行为。汉语的寒暄语“你吃饭了吗？”与日语寒暄语“你要去哪儿？”，在传递实际性内容方面的作用微乎其微。在这一点上，“寒暄”有别于其他言语行为。

在实施上述言语行为时，中日各自不同策略的运用或许是中日跨文化交流误解产生的原因。

第7章　あいさつのストラテジー

❖日本では、時と場所と状況に応じる決まり文句のあいさつがたくさんある。それに対し、中国では、誰にどんなあいさつをするか、臨機応変の対応が必要である。中国人に比べて日本人が定型表現に依存する傾向が見られた。いっぽう、中国人は、型にとられないことを好み、自分なりの自由な表現をしようとする。つまり、定型表現に依存するか、自分なりの自由表現を使おうとするかで中日のあいさつに違いがある。

❖中国語では呼称だけであいさつになるが、日本語ではこういうあいさつの習慣がない。

❖日本語では過去への言及は重要なあいさつであるが、中国語では、原則として、後日、過去にさかのぼる必要がない。

第7章　寒暄策略

❖在日本，有许多应时应景的寒暄套话。而在中国，对什么人、怎样寒暄则需要随机应变。比起中国人，日本人更倾向于依赖固定表达。而中国人更喜欢不拘形式，随心所欲的表达方式。总而言之，在寒暄语的形式上，依赖固定表达还是随心所欲自由表达，是中日两国差异所在。

❖在汉语中，称呼本身就是寒暄，但日语里没有这样的寒暄习惯。

❖在日语中，向对方提及过去的交往是一种重要的寒暄，但在汉语中原则上事后没有必要回首过往。

あいさつは、日常の人間関係を円滑に取り運ぶための、一定の形式をもった、なかば儀礼的な相互行為である。日常生活では、さまざまなあいさつ場面が思い浮かべるであろう。たとえば、

人に会ったとき

人と別れるとき

朝起きるとき

夜寝るとき

食事の前後

家に帰るとき

家を出るとき

知人の誕生日のとき、など

あいさつには、言葉によるあいさつと動作によるあいさつがある。本章においては、あいさつ言葉を中心に検討してみる。

どのような言葉があいさつに用いられるかは、その文化圏の言語習慣に依存する。文化圏ごとに決まったあいさつ習慣がある。そして、どの文化にも、あいさつは、相手に敬意・親愛の意を示す行為で、対人関係を円満にし、社会生活を円滑にする働きをする。しかし、異文化コミュニケーションの場合、簡単そうに見えるあいさつも、実は誤解を招く例も稀なことではない。日本語と中国語は一衣帯水の隣国の言語でありながら、あいさつ習慣は異なったものが多くて油断できないのである。

1. あいさつの定型と自由

日本語のあいさつには決まり文句が多い。朝、昼、晩、就寝、帰宅にあたっての決まった言葉があるばかりでなく、他家訪問や初対面の応対にも定型の用語がある。日本語では、さまざまな場面でさまざまな定型的なあいさつ言葉がある。

それに対し、中国語には定型的あいさつ表現が少ない。初対面、そして朝、昼間、就寝、訪問、帰宅にあたっての決まった言葉はほとんどない。日本人の書いた中国語学習者に向ける教科書には「你好！」（こんにちは。）、「早上好！」（おはようございます。）、「晚上好！」（こんばんは。）、「中午好」（こんにちは。）というようなあいさつが教えられているが、実際は「你

好！」を除いて、「早上好！」も「晚上好！」も、いずれも都市部における洋風の表現であって、定着したあいさつではない。

また、帰宅した時、日本語は「ただいま。──お帰りなさい。」という決まった言葉で応対している。中国語ではとくに決まった言い方はない。「我回来了。」（ただいま。）、「今天累死我了。」（きょう疲れた。）、「我去超市了。」(スーパーへ行ってきた。)のように、出かけて何をしたかを言ってもよい。迎える側も、「今天回来得早啊。」（今日は早いね。）とか、「你买什么了？」（何を買ったの。）、幼稚園に通っている子どもに「今天表现好吗？」（きょうはよくできたか。）とかいうことで、相手の行為を確認し、「お帰りなさい。」に替える。

訪問する時の言葉は、日本語では、客と主人が、それぞれ「ごめんください。──いらっしゃい。」というようにあいさつを交わしてもよい。中国語には、やはり定型的な表現はない。例えば、久しぶりの再会であれば、「稀客稀客，快屋里坐！」（これは珍しい、早く中へ入って座ってください。）、「啃，稀客稀客，今天刮了什么风，把你给吹来了？」（あ、これは珍しい、今日はまたどういう風の吹き回しかな。）とかいうことになる。しかし、電話が普及するにつれて、訪問する場合、前もって電話で訪問を知らせられるので、従来のユニークなあいさつも消えつつある。

中国語のあいさつの特徴は、日本語に比較すると、自由である。「中国は相手が今していることを臨機応変にするのが必要だ」と日本の研究者にも指摘された。まさにそのとおりである。出かけようとする人に、「去哪儿？」（どちらへ。）、「出去啊？」（おでかけですか。）、「买菜去啊？」（食材を買いに行くの。）とあいさつする。散歩をしている人に、「您在散步啊？」（散歩ですか。）運動している人に、「您在锻炼啊？」（運動してるんですか。）などとあいさつする。また、「你吃饭了吗？」（ご飯、もう食べたか。）が食事時のあいさつとして、昔ほど頻繁には使われなくなっているが、まだ根強い。また、あいさつのあとに軽い会話を付け加える場合も多い。例えば、「买菜去了？今天菜贵吗？大白菜多少钱一斤？」(食材を買ってきたの。今日は高いですか。白菜はいくらですか。）のように軽い会話や情報の交換をする。こういう軽い会話もあいさつの働きをしている。

定型的なあいさつといえば、「你好！」ぐらいであろう。「你好！」は、初対面の人や朝昼晩でも使えるあいさつである。『月刊日本語』（2009/09）

の「中国人・韓国人の不思議」というコラムに、中国人はあまりニイハオとは言わない、ニイハオと言ったら、日本人と見破られた、というような笑い話が書いてあるが、実は、人間関係が薄くなっている現代の中国の社会では、「你好！」という定型的なあいさつの使用が増える一方で、すでに定着している。

また、日本語では、よく他人への「共感」や「感情移入」を肯定的にとらえる定型的なあいさつをする。「おかげさまで。」という言い方はこのような例の一つである。例えば、病状を尋ねる人に中国語では「我已经好多了。」というのに対し、日本語は普通「おかげさまで、だいぶよくなりました。」と、また、息子が大学に受かったことを、「おかげさまで、息子も大学に受かりました。」というのである。

おかげさまは、（多く「おかげさまで」の形で）他人から受けた助力や親切に対して感謝の意を込めていう語である。

「おかげさまで」という言葉は、実際はお世話になっていない場合にも使うので、お世話になっていないのに言うのはいかにも皮肉的か、建前だけの言葉ではないかと中国人は受け止めやすい。しかし、ほとんどの日本人は「おかげさまで」について抵抗なく使っているようである。

2007 年 2 月に、NHK 放送文化研究所が「直接的にお世話になっていない人に対して『おかげさまで』と答えることについて、どう思いますか。」と質問をした。20 代では「問題ある」と答えた人が他の年代と比べてやや多くあったが、83% の人が問題ないという回答であった。

したがって、日本の社会では、いろいろな決まり文句を知っていて、時と場所と状況に応じて、適切に使うことが重要である。中国語のあいさつは具体性に富んでいて、いかに自分なりの臨機応変の言葉で応対するかが大切なことである。

日本人が定型表現に依存する理由のひとつとして、なるべく相手のプライバシーを侵害しないよう差しさわりの無い定型表現が一番無難と考えるためであろう。

あいさつが変わっている。

日本では、昔は必ずと言って良いほど親戚友知人がいて今では聞いてはいけないような事まで挨拶の中で表現していたが、現在では殆んど見かけなくなった、という。

また中国でも最近では挨拶の仕方が変わってきている、根掘り葉掘りのようなあいさつの仕方が減ってきているようである。

2. 日本語にない中国語のあいさつ習慣——呼称もあいさつ

中国語では相手の名前を呼ぶことで、あいさつになる。日本語では、相手の名前を呼ぶだけではあいさつにはならない。この点について、日本人の中国語の研究者の上野（1988）も[①]相原（2007）も[②]気付いた。相原（2007）は、「相手に呼びかける、というのは、中国語ではとても重要なあいさつ行為です。相手の名前を呼ぶ、それだけで実は立派なあいさつなのです。」と指摘した。

中国のあいさつでは、相手の名前を呼ぶほかに、親族呼称もあいさつになる。例えば、血縁関係や縁戚関係のない、隣近所の人や道行く人へ「叔叔」「阿姨」「大爷」「奶奶」などと呼んで、あいさつを交わすことは、よく見かける風景であろう。

日本という社会では、親族呼称そのものは、特に「おじいさん」「おばあさん」のような言い方は、自分の孫などから呼ばれる時に用いられるが、血縁関係のない人から「おじいさん」「おばあさん」と呼ばれることは少ないようである。

筆者がはじめて日本に来た時のことであった。住まいはある留学生会館で、館長は60代か、70代の年配の方である。クラスメートたちは留学生会館に到着した途端に、迎えてくれた館長のことを異口同音に「おじいさん、おじいさん」と呼んでいた。敬っているつもりで呼んでいたに違いないが、同行の国際交流基金の方に、これでは失礼だと言われ止めてしまった。館長本人は「平気、平気」と言っていたが、たいていの日本人は親族呼称で呼ばれるのにかなりの抵抗があるようである。

中国語の「おじいさん、おばあさん」は、年長者を敬う時に普通に使われる呼称である。これは、古来儒教が「長幼の序」を重んじ、年配者を大切にしてきた中国の伝統によるものだと言われる。

また、中国の小学校を見学に来た20代ぐらいの日本の若者も、「おばさん」「おじさん」と小学生に呼ばれたりして、びっくりしたという話もある。中国では実年齢にかかわらず「おばさん」「おじさん」あるいは「おばあさん」

「おじいさん」などと呼ばれるのは敬意表現になるが、実年齢より若く見られることを喜ぶ日本人にとっては、ショックを受けるに違いない。

しかし、言葉は常に変化している。すべて急速に変化している今の中国でも、多くの人が若く見られることを喜ぶのであろう。もともと、子どもが若者を「おばさん」「おじさん」と敬って呼ぶのだろうかという場面では、今も、「お姉さん」「お兄さん」と呼ぶようになる傾向が見られる。

あいさつは子どものころからしつけられているのである。実際、子どもへのあいさつ教育から中日の差異が見られる③。知人や知らない人に会ったら、日本の子どもは普通大人に「こんにちはと言いなさい。」「おはようと言いなさい。」というように教えられている。中国のしつけは、普通「叫叔叔」(おじさんと呼びなさい。)、「叫阿姨」(おばさんと呼びなさい。)、「叫奶奶」(おばあさんと呼びなさい。)、「叫爷爷」(おじいさんと呼びなさい。)であろう。ただ、もともと「おじさん」「おばさん」と呼ばれる人を、これからは、「お兄さん」「お姉さん」と呼ぶように教えられるかもしれない。だれでも若く見られたいという心理が働いているからである。

そのほかに、職業に関する敬称もあいさつになる。例えば、「李老师」(李先生)、「张教授」(張教授)、「王市长」(王市長)、「陈总」(陳社長)などと呼ぶだけでいい。

こういうあいさつの習慣が日本語にはない。例えば、道で田中という人に会ったとする。微笑んで「田中さん」、または「先生」「部長」と呼んだだけですれ違ったら、相手はきっと戸惑うのだろう。呼称のあとに、かならずあいさつ文が付いていくのが、日本語のあいさつの習慣である。

3. 中国語にない日本語のあいさつ習慣——過去への言及

日本語では、過去へ言及するというようなあいさつ言葉が実に発達している。「先日はご馳走さまでした。」「この間はどうも。」「その節はお世話になりました。」などなど。

例えば、日本人は数日前、あるいは1、2週間前に、世話になったり、面倒をかけたりした人に再会した場合、「先日はお世話になりました。」と、数日前あるいはそれ以前にご馳走になった場合でも、「この間は、ご馳走様でした。」「この間は、ありがとうございました。」とわざわざ取り上げていうことが多い[④⑤]。

過去へ言及する言葉としては、お礼を言う言葉だけでなく、「先日は失礼しました。」というような謝罪めいたあいさつもある。日本人は知人や仕事上の付き合いをしている人たちと再会した場合に、よく「先日は失礼いたしました。」とあいさつすることがある。言われた相手もたいていは、「いえ、こちらこそ失礼いたしました。」と応じる。

また、前日に一緒に食事（たとえワリカンであっても）や買い物をしたことがあれば、次の日に「昨日は、お疲れ様でした。」「先日は楽しかったですね。」などといって、お互いに一緒に過ごしたことを振り返る。つまり、過ぎ去ったことについて、再び会った時に、もう一度取り上げていうあいさつ習慣がある。

「先日はどうも」は、そのあとに「失礼しました。」や「ありがとう（ございました）。」「楽しかったです。」「お疲れさまでした。」などが省略されたものだと考えられる。「どうも」はまさに日本語の万能語のような存在である。

過去への言及によって、共通の経験、共有の経験があるということを確認する。そして、お互いの連帯感、同じ経験を持ったという気持ちを強める。

過去のことというと、いつのことだったのか、とはっきりした時間意識も特にない。数ヶ月前から、場合によっては、数年前（あるいはそれ以上前）の事柄に関しても使えるようである。

後日、黙って何も言わなければ、「非常識だ」とか、「失礼だ」といった印象を相手に与える恐れがある。一方、日本人の過去の出来事について何度も言及することは、中国人には、水臭いと感じやすい。

中国語では、相手が何かを（して）くれた場合、その場で十分に礼を述べれば、原則として、日本語の場合のように過去にさかのぼって礼を言う必要はない。再会したあとの話が、たまたま過去のことにさかのぼった場合には、「それで思い出したが…」のように言って「噢，对了，你上次真是帮了大忙……」と礼の言い直しをすることはありうるが、決まった表現ではない。

中国人はなぜお礼を言わないのか。前記の『月刊日本語』の「中国人・韓国人の不思議」というコラムに、次のように説明されている。

ご馳走になって感謝はしているし、お礼はその場でちゃんと言っている。つまり、そこで一度完結しているのに、どうして翌日またお礼を言うのか、というのだ。

あるいは、翌日もう一度お礼を言うと、またご馳走してくれと要求しているように取られないか、と思うらしい。

実は中国人は、今回はご馳走してくれた、今度いつかご馳走する、あるいは、ほかの形式でお礼を返そうかと思っている。形式ばったお礼の言葉より、具体的な行動を大切にするのが中国人の考えであろう。

異文化コミュニケーションの場合、中国人が、お世話になった日本人と再会する時に、一言もふれなかったら、日本人はなんとなく物足りないかと感じたり、無視されたと思ったり、場合によっては、不愉快になる人が少なくないであろう。

また、「いつもお世話になっております。」というようなあいさつも、過去への言及であろう。中国語にない習慣なので、中国人として、言えるようになるのも時間が必要であろう。筆者自身も、主人の日本人の同僚や上司に会った場合、日本語では、「主人がいつもお世話になっております。」というあいさつをするということを知っているので、日本式に従うが、幾分無理をしていて、ぎこちなく感じている。

いずれにせよ、異文化に適応することは容易ではないようである。

4. 中日両言語のあいさつ言葉の応用実態対照
——退勤や退社時のあいさつ言葉

退勤や退社時に、日本人同士が、お互いにねぎらいや感謝の気持ちを表すために、「お疲れ様でした。」や「ご苦労様でした。」というような決まり文句をかけあう。「どうも。」や同じような言葉で言い返すことで済む。これについて、文化庁（2006）⑦は仕事を終えた時に会社の同僚にどのようなあいさつをするかについて、「お疲れ様」と「ご苦労さま」を併せて、年下から年上に対しては84.3%、年上から年下に対しては89.5%との回答を得ている。もちろん、「お疲れ様」と「ご苦労さま」はどっちを優先的に使うかは企業による、とのことである。

だが、中国語では、退勤や退社時に「お疲れ様でした。」に相当するぴったりの決まり文句は存在しないので、社交辞令の日本人のあいさつを実際の言葉として受け止めやすい。例えば、中国人なら、「いいえ、疲れません。」とか、「少しだけ。」とかのように、真剣に反応されてしまう恐れが多分にある。あるいは、「当たり前のことだし、お互い様だし、なんでそれを言うのだろうか。」と戸惑う人もいるのである。

仕事を終えて帰る時にどんなあいさつをするかについて、江端など(2006)[⑧]の調査では、日本語には定型のあいさつ表現形式が見られる。それに対して、中国側ではあまり定型のあいさつの表現形式が見られない。すなわち、より具体的な行動や相手への気遣いをする言葉が用いられる、との結果であった。

中国では、そういう場合は

明天见！——明儿见！（また、明日。——また、明日ね。）

我走了！——好的。（行ってきます。——はい。）

我得去幼儿园接孩子了。——我也得去接。（子どもを幼稚園に引き取りに行かなければ。——わたしも。）

など、人と時によって、さまざまな言い方をする。

あいさつは社会、生活の変化とともに変わっている。

日本では、「おはよう」「こんにちは」のような決まり文句は、明治時代にいわゆる標準語の一部として「制定」されたものであり、伝統的なあいさつは「もう起きたか」「お買い物ですか」「よく降りますね」のような相手の動作や状態に関心を示すことや、天気や季節について一言述べることであった[⑨]。あいさつが簡略になる傾向がある。中国語でも同じ傾向が見られる。八十年代は、「你好」であいさつするのは珍しいことで流行に敏感の人たちに限られている[⑩]が、いまは都市部ですでに定着している。また、中国語の有名なあいさつ「你吃饭了吗？」は都市ではほとんど耳にすることはないほどである。

観察・思考・分析をしてみよう

1. 次の話ではイギリス教師がなぜいらだちを覚えたのか考えなさい。

香港のある大学に、そこで最近英語を教えはじめたばかりのイギリス人教師がいた。

ある日の午後、仕事を終えた彼女は、同じ都市の別の地区に住んでいる友人を訪ねてみようと思い立った。目指すバス停へ歩いていくと、自分の学生の何人かがバスを待っているところだった。その学生たちから「どこへ行くんですか？」と声をかけられて、彼女は「友達の所に行こうと思っているの」と答えた。だが、実がいらだちを覚え、「どこへ行こうとわたしの勝手じゃない？どうしてそんなプライベートなことをあなたたちにいわなきゃいけないの？」と心の中で思っていた⑪。

ヒント：「どこへ行くんですか」という表現は、中国では、知り合いどうしの礼儀ただしいあいさつである。しかし、ほかの文化では、不適切な質問になるかもしれない。

2. 次は、中国人の友人同士の会話で、そのまま日本語に言い換えると、不快を招くところがあるかどうか考えなさい。

（小王气喘吁吁地跑进来）

小王：李明，李明!

李明：看你跑得上气不接下气的，什么事这么急?

小王：你看看少了什么东西没有?

李明：哎呀，我的钱包不见了。

小王：这是你的吧? 我在你的自行车车筐里发现的，你可真是个马大哈，钱包都不拿好。

李明：刚才我光顾着锁车了,你看,一个月的工资都在这钱包里,身份证也在里面,要是丢了,我就该抓瞎了。哎，怎么那么巧让你看见了?

小王：真是歪打正着，我放车的时候不小心碰倒了一辆车，扶起来一看，正好是你的车，再一看，你的钱包放在车筐里，你说巧不巧? 要是我晚来一步，让别人拿走了，那就麻烦了。哎，李明，给我点儿水喝，我都快渴死了。

李明：你看我这人! 都忘了给你倒水了，来，给你一瓶冰镇的，解渴。哎，对了，小王，上星期咱们不是说好一块儿去参加舞会吗? 你怎么说话不算数啊? 害得我们昨天等了你们半天。

小王：我是真想去，可这不是我一个人说了算的事⑫。

日本語訳：王さんがハアハアと息を弾ませて走って入ってきました。

王　：李明くん！李明くん！

李明：はあはあ息せききって走ってくるなんて、何をそんなにあわてているんだい？

王　：なにかなくしたんじゃないかと思って。

李明：あっ、ぼくの財布が、財布がなくなっている。

王　：これは君のだろう？君の自転車のかごで見つけたんだよ。君はほんとうに粗忽者だね、財布もちゃんと身につけていない。

李明：さっきは自転車に鍵をかけるのに気をとられちゃったんだ。ほら、一ヶ月分の給料が全部この財布のなかだし、身分証明書も入れてあった。もしなくしていたら、大あわてするところだったよ。ねえ、どうしてそんなにうまいぐあいに見つけられたの。

王　：けがの功名だよ。自転車を置くときうっかりして一台自転車を倒したんだ。その自転車をおこしてみるとなんと君の自転車だった、それでさらに、君の財布がかごの中に置いてあるのに気付いたってわけだ。できすぎだと思わないかい？もし一歩遅かったら誰かに持っていかれて、やっかいなことになっていたと思うよ。李明くん、ちょっと水を頂戴、のどがもうからからだよ。

李明：ぼくときたら、水を出すのも忘れてるよ。氷で冷やしたやつをひとつどうぞ。のどがすっとするよ。あっ、そうだ、王くん、先週いっしょにダンスパーティーに行くと約束したじゃないか。どうして約束を守らなかったんだい？おかげでずいぶん君たちを待ったよ。

王　：ほんとうに行きたかったんだが、僕一人で決められることじゃないんだ。

ヒント：中国語の社会では、恩恵を受けたら、家族や親友同士は感謝のことばを言わなくてもいいが、それに対し、日本語の社会では、どんなに親しくても家族同士であってもお礼をひとことも言わなかったら、無礼だと思われるであろう。

注釈

① 上野恵司．中国語漫筆——ことばの文化 60 話．白帝社，1988.

② 相原茂．はじめての中国語「超」入門．ソフトバンク，2007.

③ 张韶岩．对幼儿的招呼语教育中日有异．日语知识．第 10 期，1997.

④ 张韶岩．日汉语招呼语比较．日语教学与研究文集，1999.

⑤ 张韶岩．あいさつの中日対照とその対照から見るあいさつの変化——命題的と非命題的視点から．日本学论丛 X，1999.

⑥ http://www.jp-guide.net/manner/ha/banzai.html

⑦ 文化庁．平成 17 年度国語に関する世論調査日本人の敬語意識．国立印刷局，2006.

⑧ 江端義元，ほか．あいさつ表現の中・日比較文化的研究——『労働』でのあいさつを中心に．広島大学大学院教育学研究科起用第二部．第 55 号，2006.

⑨ 比嘉正範．あいさつとあいさつことば．日本語学．8 月号，1985.

⑩ 奥津敬一郎，ほか．日・朝・中・英のあいさつ言葉．日本語学．8 月号，1985.

⑪ ヘレン・スペンサー＝オーティー，編著．異文化理解の語用論—理論と実—．研究社，2004.

⑫ 沈健華．中国語口語表現　ネイティブに学ぶ慣用語．東方書店，2009.

第８章　謝罪のストラテジー

❖日本語は謝罪言葉を多用する。謝罪するのは過失があるとは限らない。
❖中国語は責任問題につながるため簡単に謝罪しない。
❖日本語では、過失がある場合、かならず「すみません」のような決まり文句を言わなければならない。一方、中国語ではこの場合、かならずしも「対不起」というような謝罪表現を言うとは限らない。

第８章　道歉策略

❖日语中经常使用道歉语，道歉未必一定有过失。
❖汉语中，道歉事关责任问题，因而不会轻易道歉。
❖在日语里，因过失而道歉时，像“すみません”这样的道歉套话必不可少。而汉语在这种情况下，未必一定要使用“对不起”这样的套话。

謝罪について、日本語では「すみません」「謝る」「詫びる」などの言葉で表現されている。中国語でも、「道歉、谢罪、抱歉、歉意」などで使い分けている。謝罪とは自らの非を認め、相手に許しを請う行為である。しかし、謝罪の問題は本人の責任や罪の意識などが絡んでいて大変微妙な問題で、国によっても見方が異なっている場合もある。謝罪についての認

識は中日間にも大きな違いがあると思われる。

日本語では、謝罪表現は、むしろ会話の潤滑油としての働きをする一種のあいさつだとされている。謝罪は美徳、そして、謝罪すれば罪が水に流されると思われている。一方、中国語では、謝罪を非常に重く捉えている。自分の過失に対して謝罪表現を使い、過失がなければ謝罪する必要はない。中国語の「对不起」は過失や責任を認めて謝罪することである。

1. 簡単に謝る日本人と簡単に謝らない中国人

日本においては多くの中国人論の本が出版されている。そのなかで、中国人は謝らないということをよく述べられている。例えば、中国人は、自分が悪いと分かっていても、めったなことで謝らないとか、初級の中国語で「对不起」なんて言葉を教える必要はない。「对不起」は死語なんだから、それより「我不是故意的」（わざとやったわけじゃない）って表現を教えてやれよ。よっぽど使用頻度が高いだろう、とか。

また、他人に迷惑をかけておいて、「だって、こっちもわざとやったわけじゃないもの。」、そして最後に、「没办法吧！」（しょうがないね。）と、とどめの一言がくる、などと書かれている。

それは言い過ぎかもしれないが、確かに中国人の中にはたとえ自分が悪くても、決して謝らないという人が少なくないのが現状である。

中国語のある会話の本の中にも下記のように「我不是故意的」を教えられている。

A：哎呀，把你的裙子弄脏了，我可不是故意的[①]。

B：没关系。

日本語に訳すと、次のようになる。

A：あっ、スカートを汚してしまいました。わざとじゃありませんよ。

B：いや、かまいません。

中国語の会話にはとくに問題がないように感じられているが、日本語に訳すと、どこか耳障りになる。

もうひとつの会話で例を見よう。これは中国人の日本語学習者がロールプレイで作った日本語の会話である。

汽車の中で隣に座っている人のズボンの上に私がコーヒーをこぼしてしまいました。

隣：あ、あつい！

私：あ、ごめんなさい。やけどしませんでしたか。

隣：やけどはしていませんけど。

私：そうですか。それはよかった。さっき、ここを通る人にぶつかられて、わたしも不注意だったんですが。

この会話について、日本人の先生に次のようにコメントをいただいた。

最後の「わたしも不注意だったんですが」は、その意図は、日本語の立場から見ると、どこか「自分のせいではない」というような感じを与えやすい。

日本語では“我可不是故意的”（わざとじゃない）を使っても、その後に必ず謝る言葉を付け加えるだろう。

一方、日本人は、たとえ、自分が悪くなくてもまず、謝罪の言葉をいう。遠藤周作『夫婦の一日』[②]の中の一節で例を見よう。

食卓でもテレビを一緒に見ている時でも眉のあたりに不機嫌な影を漂わせているわたしに妻は当然、気付いたはずだった。

「ごめんなさいね」

と彼女はその夜やっとあやまった。

「あんなところに行って」

あやまられたことで、不快はすこしずつとけたので、

「それはね、君の不安な気持ちもわかるさ……」

よくないことが家の中で次々に起こる。占い師の言葉を信じた妻が鳥取の砂丘へ行っておまじないをしないといけないと言い出した。妻の迷信ぶ

りに夫が怒った。夫の不機嫌を取り除くため、「ごめんなさい」と妻が謝った。しかし、妻は自分が間違って懇願をあきらめようと思っているわけではなかった。結局、夫が妻の気持ちをくんでいうとおりにした。

実は、日本語では双方が互いに謝り、雰囲気を良く保とうとすることが多い。謝罪の言葉は、日本語の会話の中では潤滑油としての働きをして、一種のあいさつとされている。これは、中国人にとっては、理解しがたいようである。

日本の卓球選手福原愛さんは中国でも人気のある選手で、中国のインターネットメディアは、「福原爱含泪鞠躬向中日粉丝道歉，默认姐弟恋」（福原愛さんは涙ぐんで中日のファンに謝って、年下男性との恋を黙認）」[3]という題で報じられた。中国人ネットユーザーは福原愛さんの謝罪そのものに大いに盛り上がった。

多くのネットユーザーが福原さんの謝罪に同情し、大いに応援するというようなコメントが書き込まれている。

- "应该的啊。拍拍拖也很正常嘛！何况人家还这么相配的啊。"（あたりまえじゃないか。ましてあんなに似合っているカップルなのに。）
- "我觉得福原爱根本没有必要这么做。"（福原愛さんがこういうふうにする必要がないと思う。）
- "人家恋爱要经过你们同意吗？"（人の恋は他人の許諾をもらう必要があるもんか。）
- "自己谈恋爱关别人屁事！道什么歉？！"（自分の恋は他人とどんな関係があるのか。謝るなんて。）
- "干吗道歉？喜欢什么样的人是自己的自由，关其他人什么事！喜欢自己的，让别人说去吧！"（なぜ謝るのか。だれが好きになったのかということは自由だ。ほかの人と関係がないよ。自分のすきなようにしなさい。ほかの人に何か言われたっていいじゃないか！）
- "姐弟恋怎么啦？犯着谁啦？有必要道歉吗？爱本身就没有对错的。"（年下の男性との恋はどこが間違っているの。だれの邪魔になったの。謝る必要があるもんか。愛そのものが正しいか間違いかのことではない。）

また、この報道で女性は年下の男性との恋は日本では許されない行為だと誤解を招くコメントも見られる。

・"原来姐弟恋在日本很见不得人啊。"（年下の男性との恋は日本ではよくないことだったのか。）

・"姐弟恋怎么啦？姐弟恋就要道歉？"（年下の男性との恋はいけないのか。年下の男との恋だったら、謝らなければいけないのか。）

そして、こういうように報道した記者に八つ当たりする書き込みも見られる。

・"没事干的记者啊！相爱有错吗？？？"（記者というつまらないやつ！愛はどこが間違っているのか？？？）

・"无聊透顶。她爱谁谁管得着吗？"（つまらないね。彼女がだれがすきになったのか他人が口を出す資格があるもんか。）

福原愛さんの謝罪は、中国人のネットユーザーは理解できない。恋愛は個人の行為で、どこが間違っているのか。間違っていなければ、謝る必要なんかがない、と中国人が思っている。

一方、対照になるのは、中国の気象局が謝罪しないことに関する報道である。

2008年3月7日、中国南部を襲った記録的な豪雪について、「これを予測できなかった気象局は国民に謝罪すべきだ」とネット上で叫ばれている。この件に関し、記者団から質問を受けた気象局鄭局長は「なぜ気象局が謝らなければならないのか？」と反問し、謝罪する意思のないことを明らかにした。(略)

中国のネット界では、これらはすべて気象局が正確な天気予報を関係部門に通知しなかったせいだとして気象局の責任を追及。だが、「今の中国の科学技術レベルでは、1週間以内の気象予報しかできない」と鄭局長は説明している④。

中国の気象局が謝罪しないのには理由がある。自分の責任で正確な天気予報をしていなかったわけではなく、科学技術レベルの問題だと思われているのである。中国の気象局の態度はある程度中国人の謝罪意識を表していると思われる。

日本では、大手企業のトップといい、政治家の議員といい、頭を下げて謝罪するシーンがたいへん多く見られるばかりでなく、一国の首脳の総理大臣も、国としての威信や信頼度にかかわらず、簡単に謝るのもけっして珍しいことだとは言えない。素直に謝ったほうが評価されると思われているからである。

2. 中日の謝罪に関する認識差

なぜ日本人は簡単に謝るのか。そして、なぜ中国人は簡単に謝らないのか。これについていくつかの説が見られる。

一つはメンツ説である（孔 2010）⑤。

日本人の「お詫び」は自分のメンツを保った方法のひとつとなっている。日本では許しを乞うことでその人のイメージや尊厳を回復させることができるのだ。中国人にとって謝ることは、メンツを失う行為である。例えば自らの過ちを分かっていても、絶対に謝らない。中国人にとって謝罪とは、勝負の負けそのもの。謝ってしまったら負けなのだ、というように孔が指摘している。

もう一つは責任説と関係修復説である（尚 2002）⑥。

中国人が簡単に謝らないのは、謝ることを責任と密接に繋げて考えるからだ。責任の所在が完全にはっきりしないうちは謝らない。逆にいえば、中国人が「すみません」と謝るときは、当事者として自分に非があると認めて、罪の意識、責任をもって謝罪しているということだ。日本人は簡単に謝る。しかし、謝るときにまず考えるのは責任よりむしろ、その行為によって、自分と相手が置かれている目の前の「事態」が悪化するかどうかということだ。相手との関係が悪くならないか、相手が怒ってこの仕事が反故になるのではないか、自分がひどい人間だと思われるのではないか。こういったことが頭の中を駆け巡り、事態の悪化を防ぐために、先に謝り、その後で、「誰（何）が悪かったのだろう」、というように尚が述べている。

つまり、中国人の謝罪は責任と繋がる言動であるが、日本人のほうは関係修復そのものだと考えられている。

日本人は自分が悪くないと思っていてもしばしば「すみません」と言うことがある。この時の「すみません」は謝罪の言葉というよりは、あまり深い意味を持たない、一種の挨拶である。日本では事の是非を話し合うまえに、この挨拶をしておくと相手の心証をよくすることができ、事を穏便に解決することができる。日本人は対立的な姿勢を避け、相手のことを考慮し問題を解決しようとする。「すみません」という言葉は、会話の潤滑油としての働きをする一種の挨拶なのである。一方、中国語では、「すみません」という言葉は、「有罪の自己宣告」であり、「すみません」と言った時点で自分の間違いを認めることになる。

日本では、お互いにゆずり合いながら、友好的な雰囲気の中で、真の原因を探し出そうとするが、中国では自分が正しければ、あくまでその主張を通すのが誠実な行為であり、お互いに自己の立場をぶつけ合い、その結果から得られた情報をもとに、結論を出す方法が一般的である。中国人は謝ることが少ないと思われるもうひとつの原因があると筆者は思う。中国語では、心からの謝罪は「对不起」という決まり文句で表すとは限らない。「你没事吧」「不要紧吧」などの言葉も謝罪の気持ちを表せる。

決まり文句がなくて謝罪する会話例を見てみよう。

場面：子どもを自転車の後ろに乗せて走っていた母親が、横の小路から飛び出てきた小学生を避けようとして、道の脇の軽食店の看板にぶつかった。

A：噢，刚才我不小心把牌子……（あ、いま、わたしの不注意で看板が…）

B：怎么那么不小心啊？还带着孩子。（どうしてそんなに不注意だったの？お子さんを連れているのに。）

A：是啊，不该骑那么快的。（ほんとうに、あんなにスピードを出すべきではなかったです。）

B：下次小心一点，摔了孩子可怎么办！（今度は気をつけて、お子さんが落ちたらどうするの？）

A：哎，我下回一定骑慢点儿。（はい、これからかならずゆっくり自転車を走らせます。）

B：得了，快带孩子回家吧。（どうだね。お子さんを連れて、早くおうちへ帰りなさい。）

A：您看把您这牌子撞的，赔您多少钱合适啊？（見てください。あなたの店の看板にぶつかったのです。おいくら弁償したらいいですか。）

B：算了，我看你也不是故意的。（もういいですよ。あなただってわざとぶつかったのではないでしょう。）

A: 那多不合适啊！（それでは申しわけなさすぎます。）

B: 算了。（いいですよ。）

A: 那麻烦您了！改天我叫孩子他爸给您修修。（そうですか。ではご面倒をおかけしますね。日をあらためて夫をよこして修理させます。）

B: 不用了，走吧，走吧。（その必要はありません。行っていいですよ。）⑦

この中国語の会話では、「对不起」がないが、それに代わる表現がいくつ見られる。「您看把您这牌子撞的，赔您多少钱合适啊？」「那多不合适啊！」「那麻烦您了！改天我叫孩子他爸给您修修。」などは謝罪する意味が込められている。つまり、謝罪する決まった言葉がなくても、事態の収束を円満にすることができるのである。

謝るストラテジーとして、

1）謝罪の決まり言葉

2）説明、解釈する

3）責任をとる

4）償い

5）反省

があるとしたら、中国語では場合によってはその中のどれをとってもいい。謝るときには言葉というより態度はどうなのかがもっと大切だと思われる。

日本語の謝罪のうち、ほんとうに罪の意識をもってする謝罪もあるし、なにか依頼するときにも、「すみません」などで依頼を始める場合もある。また、感謝の意を表すのにも、「わざわざ来ていただいて申し訳ございません」といって謝罪表現を用いる場合もあるが、中国語ではこの場合、感謝の言葉を使って礼を言い、日本人のように謝罪表現を用いない。

中日「謝る」についての言動上の差異は次のようにまとめられる。

中国語：「对不起」＝　有罪——責任を取る——罰金

間違ったら謝る

間違っていない場合は謝らない

間違っても謝る言葉で謝るとは限らない

謝るのは決まった言葉とは限らない

日本語：「すみません」＝あいさつ

間違ったら謝る

間違っていない場合も謝る

中国語も時代により激しく変わっていく傾向にあり、マナーがだんだん重んじられるようになっている今日、「対不起」という言葉の使用頻度も増えてくる。前記の会話（A：哎呀，把你的裙子弄脏了，我可不是故意的。B：没关系。）になにか違和感があるかどうかについて、中国人の大学生にアンケート調査を行い、つぎの結果が出た。

性別 / 選択肢	女性	男性
自然だと思う	5	8
不自然と思う	18	16

これは、どうも謝罪表現が足りなくて不自然だと思われる人が結構いることを示している結果である。

3. 日本のマナーの本[8]から謝罪のストラテジーを習おう

日本では数えられないほどのマナーに関する本が出版されている。日本社会では、マナーがどんなに大切かということを教えてくれている。これらの本によって、日本語の謝罪のストラテジーが次のようにまとめられる。

ポイントⅠ　まずは謝る。

注意を受けたり、ミスをしたときは、相手の言い分に納得がいかなくても、まずは謝る。言い訳から入らないことである。そして、「どうしてですか？」「え？」という受け答えはしないこと。たとえ、相手の言葉を謝罪言葉で素直に受け入れるのがよいとのことである。

例えば：「おーい、きみたち、この伝票、全部間違ってるよ！！」と注意されたりするとき、「え、だって、経理課の書類のとおりですよ。/ そんなはずありません。/ 何度も確認しましたけど…（よくない）」というような言い訳はしなくて、まず「すみません」などと謝る。自分の落ち度でなくても「すみません」から入るということである。

ポイントⅡ　前置き言葉を言ってから自己主張をする。

いったんは謝ってもやはり自分に落ち度がないことを確かめたら、それを主張してもいい。ただ自分の正当性をやんわりと主張するのが大切である。そのストラテジーとしては、前置き言葉をいうことである。例えば、「ただちょっと確認させていただきたいのですが、もしかしたらわたしの思い違いかもしれないのですが」などのような前置き言葉をいう。

ポイントⅢ 軽いお詫びと大きな過ちのときの言い回しを使い分けること。

日本語では、待遇表現が存在しているから、軽いお詫びと大きな過ちのときの言い回しを使い分けなければならない。軽いお詫びの場合は、「ごめん、ごめんなさい、すみませんでした、もうしわけございません、失礼しました」でいいが、大きな過ちの場合はそれでは軽すぎる。大きな過ちの場合は、

・なんとお詫び申し上げたらいいのかわかりません。

・まったく弁解の余地もありません。

・面目(めんぼく)次第もございません。

・穴があったら入りたい気持ちです。

決まり文句のほかに上のような言葉を付け加えたほうがいい。そして、決まり文句だけでも、相手がお客様やビジネスの場合では「すみません」「ごめんなさい」ではなく「申し訳ございません。」と言うべきであろう。

観察・思考・分析をしてみよう

1. 道を尋ねる場面では、日本語はよく「あのう、すみませんが…」といって、謝罪ことばで始まるが、中国語は、一般的になんといって話を始めるのか、観察しなさい。
2. 相手との関係性、謝罪内容の重大さに応じて、謝罪のフレーズを使いわける練習をしなさい。

注釈

① 李杰群．汉语流行口语．华语教学出版社，2000.

② 遠藤周作．夫婦の一日．新潮社，2001.

③ 2008-12-03. 网易体育．

④ 2008 年 3 月 9 日分配信．Record China.

⑤ 孔健．http://www.recordchina.co.jp 2010-01-07 配信．

⑥ 尚会鹏，ほか．中国人は恐ろしいか！？知らないと困る中国的常識．三和書籍，2002.

⑦ 阿部加奈子．『謝罪』の中日比較—謝罪の必要が生じた事情の差異に着目して—．社会言語科学会第 17 回大会発表論文集．社会言語科学会，2006.

なお、あからかに不適当な中国語の表現を筆者がすこし訂正した。

⑧ 杉山美奈子，監修．話し方のマナーとコツ．学研マーケティング，2005.

佐々木正洋．ちょっとしたコツでだれでも上手な話し方が見につく．実業之日本社，2002.

第９章　慰めのストラテジー

❖慰めのストラテジーは、状況や相手によって変わる。これは中日共通するところである。また、中日とも顕著ではないが、ある程度の男女差と年代差が見られる。

❖慰めのストラテジーとして、日本語は同情、共感、激励の場合に多用するのに対し、中国は激励の場合のほかに、同情、責任転嫁、叱責などのストラテジーにばらつきが見られる。

❖日本語ではまともな言葉で慰めることが多いが、中国語では相手を叱ったり、冗談を言ったり一見して慰めではないような言葉で慰めることも多く見られる。

❖日本語では平易で分かりやすい表現が好まれるのに対し、中国語では諺（俚諺、名言、言い伝え）などを入れて会話することが多いようである。

❖中国語は日本語より友人を贔屓するという傾向が強い。

❖発話量については、日本語より中国語のほうが多い。

❖慰めにも異文化コミュニケーションでは誤解を招くものがあるので要注意。

第９章　安慰策略

❖安慰策略依据不同情景和不同安慰对象而变化，这是中日两国相同之处。此外，中日两国的安慰策略虽并不明显，但都体现着一定程度的性别和年龄差异。

❖在日语中，较多使用的安慰策略是同情、共鸣、激励。而汉语中除使用同情、激励之策略外，还可零散见到转嫁责任、斥责等安慰策略的运用。

❖日语中多用正经认真的话语来安慰别人，而汉语中有较多使用责备或是开玩笑一类乍一看不表示安慰的方式来安慰别人。

❖表达安慰时，在日语中喜欢使用一些浅显易懂的表达方式，而汉语中往往在对话中加入一些谚语（俚语、名言、传说）。

❖汉语比日语更倾向在安慰策略中对友人进行袒护。

❖就话语量来看，汉语多于日语。

❖在跨文化交流中，安慰策略也有招致误解之处，因此需要多加注意。

人生には坂道はつきものである。人は、だれでも、生きていれば、困難や悲しみなどつらい状況に遭う。こんな場合、適切な慰め言葉は、人に温もりを感じさせる。いったい何が慰めなのか。会話では、一見して慰めないような発話行為が、実際には相手に反省させたり気晴らしさせたり前向きにさせたりする役割を果たしているのも見られる。そこで、辞典の語釈[①]や先行研究[②]を踏まえ、本章では、不幸や困難に直面している相手に、（1）励ます、元気づける、力づけること、（2）なだめる、いたわる、心を静めること、（3）話し手としては相手を慰めようとするすべての言語行動を「慰める」行為とする。

慰め言葉は、状況や相手によって変わることを心がけなければならない。下手な慰め言葉なら、相手の劣等感を助長しかねない。まして異文化コミュニケーションといえるのか。日本語学習者から日本語の「かわいそうに」などには少し抵抗感があるという意見もよく耳に入る。日本語と中国語との慰め言葉はいったいどこが異なっているのか大変興味深い。そこで、本章においては、具体的な場面を設定し、中日の「慰める」の発話の特徴、慰めのストラテジーについて、アンケート調査により、社会言語学的な考察をしてみた。また、教科書に載っていない、調査による生の日本語の慰め言葉のストラテジーも紹介し、日本語学習者の参考にしたい。

1. 調査から見た中日の慰めのストラテジー

日本語母語話者に日本語版の調査票を、中国語母語話者に中国語版の調査票を作成・配布し、それぞれ100人以上の日本人と中国人にアンケート調査を実施した。調査内容は日本語の教科書の会話を参考に、慰め言葉を使うべきところを空欄にして入れてもらった。さまざまなカテゴリーにそれぞれどんな慰めのストラテジーを使うのかを知るために、会話の場面を四つ設定した。

1）試合に負けた友人に

2）就職の面接試験を心配している友人に

3）すりにすられた友人に

4）好きな人にふられた友人に

(1) 試合に負けた友人への慰めのストラテジー

試合に負けた友人への慰めのパーセンテージはグラフ1のとおりである。グラフ1で表されているように全体的に中日とも「励ます」という前向きな意見が発話の中心を占める。中日の差としては、日本語側は「励ます」のほかに「同情」というスタイルも多く使われているのに対し、中国語側は「励ます」のほかにはばらつきが見られる。

「責任転嫁」としては、日本語の「勝負は実力だけでなく運にも左右されるよ。」、中国語の「没关系，他只是运气好罢了。」（大丈夫。彼は運がよかったから。）というように失敗の責任などを運命や相手のせいにする言い方がある。

「慰めない」の場合は、日本語側の「ゲームにはそういう展開があるから楽しいものなんだよ。」というように、自分の気持ちだけ述べるのに対

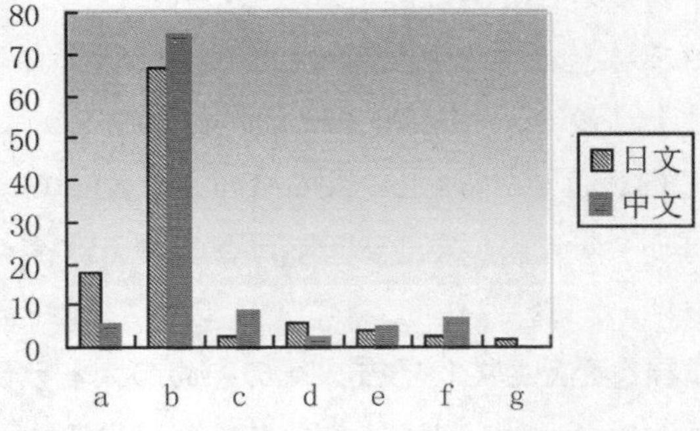

a 同情　b 励ます　c アドバイス　d 責任転嫁

e 断念させる　f 慰めない　g 無回答

〔グラフ1〕　試合に負けた友人への慰めのストラテジーの中日対照

し、中国語側では「祝贺你。」（おめでとう。）、「你是我的榜样。」（あなたはわたしのお手本だ。）のように冗談を言うことで、負けた人の気を

晴らす言葉が見られる。また、「你笨啊！」（ばかだね。）、「没拿到名次还有理由了。」（賞を獲得しなかったのに、言い訳をするなんて。）、「你还是没有尽力。」（全力を尽くさなかったね。）、「心理素质太差了吧。」（精神的に弱かったね。）というように責めたりする言い方も多く見られる。これが日本語にはめったに見られない表現である。

また、日本語では諺、俚諺、俗言、比喩などをあまり使わないことに対し、中国語のほうではそれらを非常に多用する。「胜败乃兵家常事。」（試合は勝負があって。）、「失败是成功之母。」（失敗は成功のもと。）のような諺や、「老虎也有打盹的时候。」（トラも居眠りする時もある。）、「瞎猫碰到死耗子。」（めくらの猫が死んでいる鼠に遭った。そのめったにない勝利を揶揄する。）のような俚諺が多く使われる。それに、「经历过风雨的彩虹才是最绚丽的。」（風雨の後に出る虹はもっとも美しい。）という比喩もある。また、「友谊第一，比赛第二」のような名人名言もあるし、「论成败，人生豪迈，大不了从头再来。」（勝ち負けにかかわらず、豪快に人生を過ごそう。最悪の結果出たとしても、最初からやり直せばいい。）のような流行歌の歌詞も見られる。それに対し、日本語では「勝負は時の運。」「ピンチの後にチャンスあり。」「失敗は成功のもと。」のような言い方も見られるがあまり多くない。中国語表現が華麗さと大げさなのに対し、日本語のほうは平易で素朴であるように感じられる。

発話の量に関しては、まず、中国側は日本側より多い。そして、日本も中国も女性は男性より多い。中国側の20代の女性のほうは発話量がとくに多い。20代女性の健談と20代以上の人の冷静さを表しているのかと思われる。

(2) 就職の面接試験を心配している友人への慰めのストラテジー

就職の面接試験の場合は、「慰め」のスタイルが非常に単純である。グラフ2を参照したい。

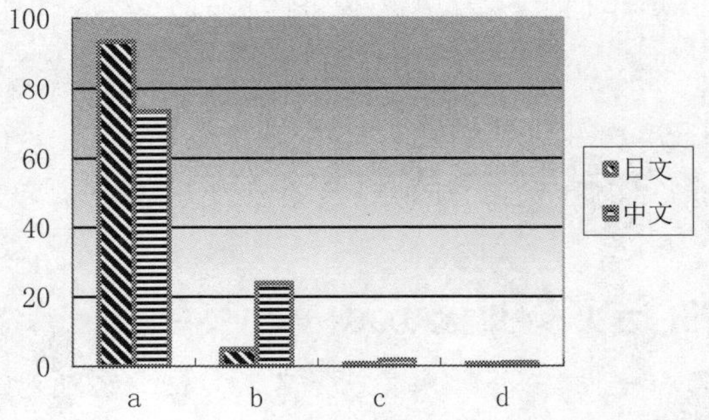

a 励ます　b アドバイス　c 同情　d 無回答

〔グラフ 2〕就職の面接試験を心配している友人への
慰めのストラテジーの中日対照

日本語では主に「励ます」（93.4%）が使われているのに対し、中国語では「励ます」（73.45%）と「アドバイス」（23.89%）がよく使われている。「励ます」はほとんどは教訓を汲んで今度は成功するように、「アドバイス」は緊張的な心理を克服し、ほかの会社の面接も試してみよう、という旨のものである。同じ「励ます」スタイルであっても、中国語母語話者は日本語母語話者より友人を贔屓するという傾向がある。例えば、「那家公司没有录用你,是他们的遗憾,你要更好地表现一下,让他们为自己的选择而后悔。」（採用しなかったのは、あの会社の損失だよ。君は彼らの選択を後悔させるような活躍をしてみせるべきよ。）

この場面においても、諺、名言なども中国語母語話者に多く使われている。その中では、「塞翁失马，焉知非福。」という言葉が、一番多く使われている。中国語の「塞翁失马」は、日本語の「塞翁が馬」とニュアンスがやや異なる。陳力衛（2006）[③]によると、現代中国語では、まず失敗のイメージを強めておいて、そして「焉知非福」（どうして福ではないことを知ろうか。）」と反問と一緒に用いることで、悪いことが起こっても場合によってはそれはいいことになりうるのだ、といったプラス思考の意味合いが強まり、人の失敗を慰めることに使われる。一方、日本語では運命の吉凶はどうなるか予測できないことを強調し、中国語ではむしろ失敗や損失があってもそれがいいことにも転ずるかもしれぬといった心理的防御線を張ることに重点が置かれている、ということである。

「塞翁失马，焉知非福。」の次に多く使われたのは「是金子到哪儿都会发光的。」(金というものはどこに置かれてもぴかぴか光っている。)である。それに、「上帝在关上门的时候会为你开另一扇窗。」（神様はいつもあなたの席を用意してくれている。）というような比喩表現も見られる。

(3) すりにすられた友人への慰めのストラテジー

中日それぞれのパーセンテージはグラフ３のようになる。

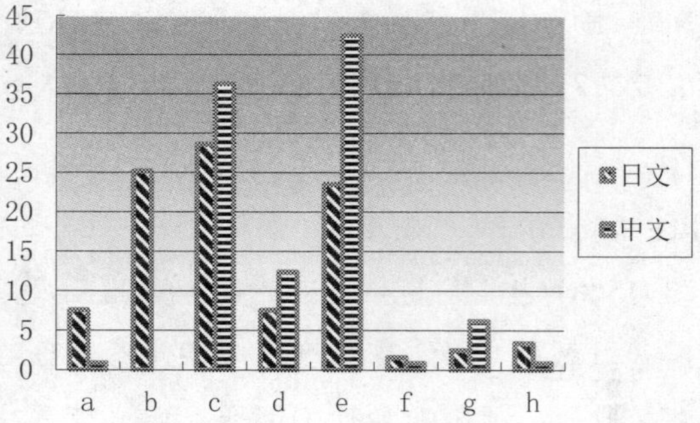

a 感情の表明　b 心配事の尋ね　c ポジティブ系　d ネガティブ系
e アドバイス　f 協力　g 慰めない　h 無回答

〔グラフ３〕すりにすられた友人への慰めのストラテジーの中日対照

「感情の表明」というのは、①驚嘆　携帯の盗難に驚いたりして発する表現である。（例：「ええ、本当？災難だったねー。」「そんなことあると世の中嘆きたくなるよねー。」）　②同情（例：「かわいそうに。」「災難だったね。」）などがあげられる。これはよく日本語母語話者に使われている。

「心配事の尋ね」というのは、心配事を積極的に尋ねたりして関心を示す。「すぐ携帯電話会社には連絡しましたか。」のような「心配事の尋ね」も日本語側の25.2%に対し、中国語側は0%という結果である。それは、警察に届けても、携帯電話会社に連絡しても何も意味がないという中国の国情の現れなのかと思われる。

「ポジティブ系」①良いことの列挙。（例：「えー！！だけどお財布じゃなくてよかったなあ。」「携帯だったら手続きを止めればいいけど。」「お財布はそうはいかないし、不幸中の幸い。」）②希望を与える。（例：「すられたのじゃなくて落としたんじゃない。」「すぐに見つかるかも。」）

③将来に前向きに考えさせる。（例：「それは災難だね。悪いことがあった後はよいことがあるものだ。きっといいことあるさ。」）

中国語のほうは良いことを列挙するのは日本語よりもはるかに多い。「破财免灾。」（財産の損失は災害を免れる。）、「旧的不去，新的不来。」（古いものは去って、新しいものが来る。）などで慰めるのがとても多く見られる。とくに、「破财免灾。」と「旧的不去，新的不来。」との使用頻度はそれぞれ25.66%と20.35%、合わせると約半分ぐらいに達している。こういう俗言の多用は中国人の民族性を窺うことができるのだろうか。

「ネガティブ系」①罵倒（例：「がっくりだね。そういう人はきっといつか痛い目に遭うよ。」）②気晴らし（例：「それは災難だったわね。いやなことは早く忘れましょう。」）③断念させる（例：「ええ！すられた時ぜんぜん気づかなかったなんて信じられないなー。ま、新しいの買うしかないね。」）④自分の不幸も述べる（例：「我有一次比你还惨，手机和钱包都被偷了。」）⑤責任転嫁（例：「さすがすりだなー。」）⑥逆な考え（例：「心ない人がいるのね。取る側より取られる側でよかったと思わない？」）。

「ネガティブ系」については、中国語の中ではすりを罵倒するのがとくに多く、非常に感情的な罵言もある。例えば、「谁这么有眼无珠啊，新来的吧，这么不懂规矩，敢偷我朋友的手机，小心让我碰到他，我灭了他！」（ひどいやつだな。わたしの友人の携帯も盗むなんて、ルールの分からない新参者だろうか。今度このやつに会ったら殺してやるよ。）、「可恨那个贼，我逮着他，一定海扁他一顿，为你出这口恶气。」（憎いやつだね。捕まえたら、承知しないぞ。）。日本語の中では罵言もあるが、中国語のと比べると、非常に柔らかく聞こえる。「がっくりだね。そういう人はきっといつか痛い目に遭うよ。」「そんなことする人は罰があたるよ。」などの程度である。

「アドバイス」①コメント（例：「とりあえず携帯の会社に電話したほうがいいよ。」）②注意（例：「最近のすりは物だけを取るのではないので気をつけて。」）③提案（例：「すられた携帯はあきらめて、よいのを買おう。」）この場合の中国語母語話者の回答（42.48%）は日本語母語話者の回答（23.5%）をはるかに超えている。

「慰めない」は、主に冗談と叱責の答えである。中国語側は6.19%の答えに対し、日本語側は2.5%である。日本語では、中国語母語話者の「谁让你不小心呢！这是给你的教训。」（気をつけないと。これは教訓だよ。）というような友人を叱責する例はあるが、少ない。例えば「すられた貴方にも油断があったのでは。今後気をつけてね。（スリにすられるというのは自分のミスであるという認識だ。）」、それに、こういう説教的な口調で言ったのは年配の男性に限っている。中国人の冗談話も中国語の特色がある。例えば、「祝贺你将拥有一部新手机。」（これから新しい携帯を持つことおめでとう。）、「就当捐给社会了吧。」（社会に捧げたと思ってね。）など。日本語の「すられたと思わず、落としたと思って気分一新、新品を買えばいいよ！」と比べると、口調がよりいっそうふざけた感じがする。

(4)　好きな人にふられた友人への慰めのストラテジー

中日共通なのは「励ます」というストラテジーを多用していることである。グラフ4のとおりである。

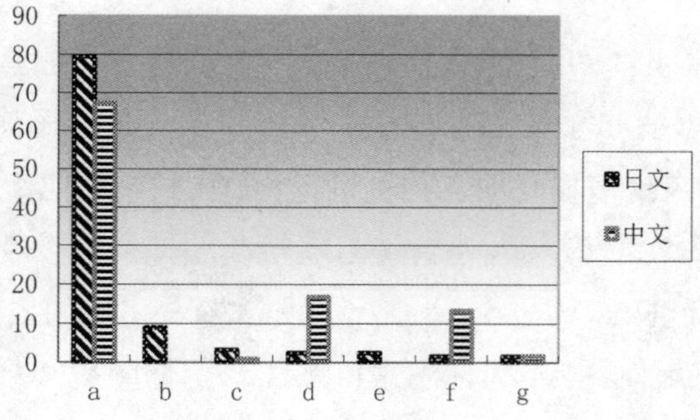

a励ます　b協力　c同情　dアドバイス

e慰めない　f責任転嫁　g無回答

〔グラフ4〕好きな人にふられた友人への慰めのストラテジーの中日対照

日本語の回答と比べると、中国語のほうはなんとなくくどく、冗長な回答が多い。例えば、日本語の場合、「そんなことないよ。きっといい出会いがあるよ。」など。中国語の場合、「失恋算什么，他不要你，说明他这辈子没那福气，你人多好，心细、温柔、心地善良又开朗大方，配个他那样的绰绰有余，你应该高兴他现在就和你分手了。你想，如果他跟你结婚了，他才抛弃你，那岂不是更惨，更不划算吗？他既然这么没眼光，选择放弃你，证明他配不上你。『天涯何处无芳草』？你别想他了，肯定会遇上一个比他强几百倍的，旧的不去，新的不来嘛！」（失恋なんかたいしたことないね。彼に見る目がなかった。彼は大きな幸せを逃したよ。あなたはいい人だし、繊細で、素直で、心やさしくて、ほがらかだ。きっともっとふさわしい人が現れるよ。もし彼と結婚してうまくいかなかったら、今より悲しいでしょう。「芳しい草はいたるところでもあるよ」。彼を忘れなさい。きっと彼より何百倍もいい人に会えるよ。古いものがさらなければ、新しいものも来ないから。）

「協力」は、なぜか分からないが、日本語側の9%に対し、中国語側は0%なのである。日本語の回答には、「3日泣いたら、あとは忘れなきゃ。日曜日には遊びに行こう！」「そんなことない。私が紹介してあげる。」「今日はいっぱい愚痴を聞いてあげるから、泣きたいだけ泣いてもいいよ。」などがあった。

「責任転嫁」の場合は、日本語の回答には「きみの彼は見る目がなかったんだね。」のように相手を批判する内容であるが、中国語のほうが日本語より回答率が高いし、友人贔屓の傾向も強い。例えば、「怎么会呢？他甩你是他的损失，让他后悔去吧！」（そんなことないよ。あなたをふるのは彼の損失で、きっと後悔するよ。）、「你这么优秀，他甩你是他没眼光。你的白马王子还在等你呢！」（こんなに優秀なあなたをふるなんて、彼は見る目がなかったんだね。あなたの白馬の王子はあなたを待っているよ。）、「没有选择你，是他犯的最大的错误。」（あんたを選ばなかったのは彼が犯した一番大きな間違いだ。）など。これはふる人を貶めることによって聞き手の価値を高めることで心理的なバランスをとるようにさせるためであろう。

「アドバイス」の場合も中国語のほうが回答が多い。例えば、「恋爱是所有人必经阶段，让你变得更加完美，更加成熟；失恋是两个人的原因，想想自己是不是哪里不好，从而可以好好地看看自己。」（恋愛はすべての人が経験した段階だよ。失恋はあなたをもっと美しく、もっと成熟させるよ。失恋はお互いに原因がある、自分のどこに欠点があるのかをよく考えてよ。それで、自分を正しく認識できるから。）のように失恋の原因を分析してあげる。

この場面では日本語でも中国語でもそれぞれ慣用的な諺や比喩が使われている。日本語では、「赤い糸でつながる人はきっといるから大丈夫ですよ。」「運命の赤い糸はきっと素敵な人と結ばれてるよ！」のような言い回しが見られる。その中の「赤い糸」は唐代の小説がもとになっているそうだが、なぜか現代の中国語ではあまり耳にしないのだろうか。

中国語では、この場合の定番のような言葉は「天涯何处无芳草。」（芳しい草はいたるところでもあるよ。）であり、今回の調査では三分の一の人に使われた。また、「三条腿的乌龟不好找，两条腿的人有的是。」（三つの足の亀を探すのは難しいけど、二本足の人間を探すのはごく簡単だよ。）という俚諺や、「有缘千里来相会，有情人终成眷属。」（どこかに相応しい人がいるよ。）という名言や比喩、言い伝えを多く入れて使われている。

中国も日本も、人と人を結ぶ、人力を超えた不思議な力という「縁」を信じている。例えば、日本語の回答には、「二人は縁がない。」「人の出会いはやはり縁だよね。」などがあり、中国語の回答には、「相信缘分会找到相爱的另一半。」(縁を信じて、きっと，自分の片割れがみつかるよ。)、「一切随缘。」（縁にまかせて。）などがあった。今回の調査では「縁」という言葉は中国語では21回、日本語では10回使われていた。

普段、日本人は真面目であまり冗談を言わないというイメージであるが、この場面では、冗談話も見られる。「おめでとう。」「それなら、俺と付き合うか。」など。中国語では、「中华儿女千千万，不行咱就换。」（中華男女はいくらでもあるから、だめなら変えろよ。）これは、日本語の「女はいくらでもいるぞ。」と同じようなユーモアが滲んでいる。

(5) 全体的な使用傾向

異文化コミュニケーション・ギャップを明らかにするために、二次調査として、日本語母語話者の回答を日本の知人、友人に、中国語母語話者の回答を中国の知人、友人に見てもらって狭い範囲での意見を聞いた。次は、日本語と中国語の慰め言葉の全体的使用傾向を述べながら、相違点によるコミュニケーション・ギャップも考えていく。

①日本語側は「励ます」と「同情」に集中している（ただし、すりにすられた友人にという場面は例外で、「心配事の尋ね」と「アドバイス」に集中している）。一方、中国語側のほうは「励ます」が一番多く使われる

ほかに、その他のスタイルの使用率にばらつきが見られる。

②慰め言葉といっても、慰めないようなものを示す言語表現が見られる。中国語では、相手を叱ったり、冗談を言ったりするような一見して相手を慰めない表現は日本語より使用率が高い。中国語では親しければ親しいほど叱ったり揶揄したりするが、日本語のほうでは「親しき仲にも礼儀あり」ということである。発話の内容としては、中国語は日本語より相手を叱ったり、冗談を言ったりするのが多い。中国語は互いに領域に踏み込みあい親密さを表すことで、日本語のほうは相手の領域を侵さないことによって敬意を表すことになる。

中国式の冗談は異文化コミュニケーションでは、場合によって不快を招く恐れがある。例えば、「是不是做什么坏事了，这么背啊。」（何か悪いことをしたせいで、罰が当たったのか。）などは、冗談で雰囲気を和らげようとするためであるが、異文化コミュニケーションの場合、人の不幸を肴に楽しまれているような気にさせて、反感を招いたり、腹を立たせるおそれがある。

③「楽天性」は中国人は日本人より強く表していると思われる。回答率の高い諺から窺うことができる。「胜败乃兵家常事」（場面 1）、「塞翁失马，焉知非福」（場面 2）、「破财免灾」（場面 3）、「天涯何处无芳草」（場面 4）などはその表れであろう。

④日本語母語話者は平易で分かりやすい表現が好まれるのに対し、中国語母語話者は諺（俚諺、名言、言い伝え）などを入れて会話することが多い。

各場面に使われた諺、俚言、名言はそれぞれ表 1、表 2、表 3、表 4 のとおりである。

表1「試合に負けた友人に」という場面で使われた諺、俚言、名言

中国語	使用人数	日本語	使用人数
✪胜败乃兵家常事	16	✪「勝負は時の運」	6
✪失败是成功之母	8	✪「失敗は成功のもと」	1
✪世上没有常胜的将军	1	✪ピンチの後にチャンスあり	1
✪谋事在人，成事在天	1		
✪瞎猫碰到死耗子	1		
✪老虎也有打盹的时候	1		
✪经历过风雨的彩虹才是最绚丽的	1		
✪不经历风雨，哪能见彩虹	1		
✪阳光总在风雨后	1		
✪天有不测风云	1		
✪你是金子总会发光的	1		
✪天外有天，人外有人	1		
✪友谊第一、比赛第二	1		
✪论成败，人生豪迈，大不了从头再来	1		

中国の諺、俚言、名言などは会話に生きている。その原因を検討すると、次のようなことが考えられる。

a. 中国語のことわざは意味的に簡単明瞭で口頭にも言いやすい。

b. 中国語のことわざは、くだけたのもあるし、ふざけたのもあるので、それぞれの場面のニーズに合えるのではないか。

c. 名人崇拝、尚古主義の表れと思われる。

こういう差異で、中国人は何気なく使っている諺などは、日本人から見ると場合によっては説教口調のように取られるか、あいつはキザな奴だと見られかねない。

表2　就職面接を心配する友人にという場面で使われた中国語の諺、俚言、名言

諺・俚言・名言	使用人数
✪失败是成功之母	6
✪是金子到哪儿都会发光	7
✪真金不怕火炼	1
✪金刚钻在手，不怕没有瓷器活	4
✪上帝在关上门的时候会为你开一扇窗	1
✪塞翁失马，焉知非福	1
✪千里马常有而伯乐不常有	1
✪天生我材必有用	1

この場面においても、ことわざ、名言なども中国人母語話者に使われている（表2を参照）のに対し、日本語にはめったに使われないということがわかった。

表3　すりにすられた友人という場面で使われた中国の諺、俚言、名言

諺・俚言・名言	使用人数
✪破财免灾	29
✪旧的不去，新的不来	23
✪塞翁失马，焉知非福	4
✪林子大了什么鸟都有	1
✪赔了夫人又折兵	1
✪吃一堑，长一智	1

この場面においても、諺、名言なども中国人母語話者に使われているのに対し、日本語にはめったに使われないということがわかった。

表4　すきな人にふられた友人という場面で使われた諺、俚言、名言

中国語	日本語
✪天涯何处无芳草 ✪长痛不如短痛 ✪不必为一棵树放弃整个森林 ✪旧的不去，新的不来 ✪何必在一棵树上吊死 ✪牛奶会有的，面包会有的，幸福更会有的 ✪你的真命天子还没有来呢，上帝早已给你安排好了 ✪三条腿的乌龟不好找，两条腿的人有的是 ✪有缘千里来相会，有情人终成眷属	✪縁は異なもの、味なもの…。待てば海路の日和ありさ ✪運命の赤い糸はきっとすてきな人と結ばれてるよ ✪赤い糸でつながる人はきっといるから大丈夫ですよ ✪人って半径20km以内に住んでいる人と結婚するっていうけど ✪神様は君にとってもっとふさわしい相手との出会いを用意しているんだよ

⑤中国語側は日本語側より友人贔屓という傾向から、日本語はある出来事、事象を「状態」という観点から捉え、その状態を同定するというストラテジーの使用頻度が高い、つまり客観的に把握するという傾向があるのに対し、中国語のほうは日本語よりやや主観的で、相手の状況をいち早く認め、自分の味方役を相手に伝えるという特徴が見られる。日本語のほうは中国人に何か冷淡に聞こえるおそれがある。

⑥男女差としては、中国語より日本語のほうが顕著である。日本語の場合、男性は慰めないような冗談を使うが、女性はあまり使わない。中国語の場合は、男女を問わず、親しい人にふざけた言葉を言う。そして、男性と女性は気晴らし方法が違う。男性は「今日は二人で飲み明かそうか。」というのに対し、女性のほうは、「泣く」「すっきり話す」「食べにいく」などの方法で相手を慰める。

⑦発話量の考察としては、日本語より中国語のほうが多い。日本人は、腹芸や以心伝心を重要視する志向性に対し、中国人ははっきり、「言犹未尽」志向性がうかがわれる。すなわち、日本人の好みの中に「以心伝心」があり、あまり口数多くしゃべるのをよしとしない価値観がある。金田一春彦（1975）④は日本人は「多く話すまいとし、多く書くまいとした」とし、芳賀綏（1979）⑤は、日本人は「語らぬ文化・いたわる文化・修める文化」を持つとしている。また、関山（1999）によると、日本語で慰めを行う際は，negative politenessの影響を受けやすくなるため，英語の場合に比べ，発

話量は少なくなる。日本語は「negative politeness」主体の文化，英語は「positive politeness」主体の文化に属する。中国語は日本語に比べると、「positive politeness」と言えるのだろうか。

慰め言葉としては、中日共通なところが見られる。例えば、「励ます」は、中日双方とも一番多く使われているスタイルであることが分かった。文化上の連帯性もある程度見られるものと思われる。一方、文化によって異なる慰めの言葉をかけるところも少なくない。たとえば、中国式の冗談は場合によって、人の不幸を肴に楽しまれているような気にさせて、反感を招いたり、腹を立たせて、不快を招く恐れがある。逆に日本語の慰めは中国人に何か冷淡に聞こえる場合もあることは否めない。

データ収集の方法論や分析方法に関して、多くの課題を残している。アンケート調査としても、友人への慰め言葉に限定されたが、上下関係、親疎関係、接触場面などもっと広い範囲の考察が必要である。これらは今後の課題にしたい。

2. 調査から得た生の日本語の慰めのストラテジーを習おう（回答抜粋）

日本語学習者向けの日本語の教科書には生の日本語の慰め言葉があまり教えられていないので、ここにおいて、調査から得た生の日本語の慰め言葉を抜粋して書いておこう。この中に。きちんとした言い方もあるし、くだけた言い方もある。それに、方言（関西弁）もある。また、性差も見られる。それで、生きた日本語の慰めのストラテジーを習おう。

試合に負けた友人に

友人の選手：勝てると思ったんだけどね。あそこで逆転されるとは…

回答例⑥：

男性	女性
✪勝負は時の運、しかたないよ。 ✪負けたことをバネに次頑張ればいいじゃないか。負けるのもよい経験だよ。 ✪こういう時もあるよ。次の機会には勝とうよ。 ✪残念だったね。相手の方が一枚上手だったよ。 ✪次は最後まで気を引き締めて頑張ろう。 ✪惜しかったね。実力では負けてないのに今回は少し運がなかったね。 ✪勝てると思うと、つい油断してしまうよね。次はしっかり気を引き締めていけば大丈夫だよ。 ✪まあ、スポーツの世界って思いどおりにはいかないよね。次頑張ろうよ。 ✪しかし、君はよく頑張った。次頑張ればいいよ。 ✪次頑張ればええやん。 ✪ドンマイ、ドンマイ、次ガンバロー。（Don't mind.） ✪勝てると思った時に、隙ができたのかもしれない。最後まで気を抜かないでやろう。 ✪まあ、いろいろあるさ。精一杯やったのが尊いよ。 ✪いうこともあるさ。全力を尽くしたんだから。立派だよ。 ✪勝負ごとは結果がすべてだ。クヨクヨしても仕方がない。今回の結果を次に生かせばよい。 ✪くやしさをバネにして次頑張ろうよ。 ✪相手の力が勝ってたってこと。勝負に偶然はない。	✪勝負は時の運だから仕方がないよ。次頑張ればいいよ。 ✪惜しかったね。でも今後この弱点を克服すれば、次は勝てるね。 ✪五分五分の試合だったね。見るほうもハラハラしてしまったよ。くやしさをバネにっていうし、次の試合頑張ってね。 ✪相手もかなり上手かったもんね。でもよい試合だったよ。見てておもしろかった。 ✪ほんまやね～〔関西弁〕。だけど次の試合では最後まで油断せずに取り組むことが出来ると思うし、今回のことが今後のいい勉強になったと思うよ。 ✪何が起きるか分からないものですよ。 ✪でも、あなたかっこうよかったよ。 ✪惜しかったあ。あとひと踏ん張りやったのになあ。 ✪びっくりしたね。でも、残念だったね。 ✪きっと精神的に弱いのね。それを克服して次回頑張りましょ。 ✪惜しかったね。あれだけ頑張ったんだから、次の試合では勝てるわ。 ✪そう、私も勝てると思った。本当に残念だったわね。でも、あなたは頑張ったんだし、充実した試合だった。次は絶対勝てるわよ。 ✪勝負はその時の運。運が悪かったの。結果の反省で前向き前向き。

就職の面接試験

友人：ああ、もう最悪！どうしよう。あれだけしっかり準備して行ったのに、あがってしまってうまく話せなかったの。

回答例：

男性	女性
✪いや、しっかり準備してあっただけあって僕には十分うまく話せてたと思うけどなあ。場数を多く踏んで慣れるしかない。 ✪大丈夫だよ。だれでもあがるのだよ。一つの経験として受け入れようよ。 ✪大丈夫だよ。面接官は話術よりも人柄を見てるから。 ✪あがってしまったということはそれだけ真剣に受けたという事。その姿勢は面接官に伝わったと思うよ。 ✪まだ面接に落ちたと決まったわけではない。むしろ面接官にはよい印象を与えたのかもしれないよ。 ✪ちゃんと人柄は見てもらえてるよ。 ✪しっかり準備したんだろ。それであがってしまったんならしかたないじゃない。次頑張りなよ。 ✪練習と思えばいいじゃないの。次回は落ち着いて面接ができるよ。 ✪きっとその会社との相性が悪かったんだよ。ほかに相性の合う会社がある。 ✪みんな同じだよ。あがっているようで落ちついて見えるものだよ。 ✪緊張はだれでもするよ。場数をこなしてなれていけばすぐにうまくなるよ。 ✪その方が人間味があっていいじゃない。 ✪そこらへんが見抜けないところならやめておいたほうがいいよ。 ✪済んだことはしかたがないよ。次は今回の事を生かして、うまく話せるよ。 ✪わたしも同じような状態になるよ。 ✪この会社がすべてじゃないし、まだだめと決まったわけではないよ。 ✪ほかの人も緊張しているから大丈夫だよ。 ✪次のための試金石にしたら。 ✪大丈夫。受かってるよ。 ✪大丈夫だよ。採用されているよ。	✪そうなの。でも、きっと大丈夫だよ。緊張してたこと、相手の人も分ってくれてるよ。 ✪緊張していたのはきっとあなただけじゃない。あれだけ準備していたんだから、たとえ少しでも絶対その努力はどこかで生かされていたはずだよ。 ✪次に活かせばいいんですよ。 ✪うまく話せなくても面接官にはあなたの思いが伝わってると思うよ。 ✪面接官はプロだから、きっとあなたのいいところを見てくれたよ。 ✪縁があるところなら、そんなあなたでも魅かれるはずだよ。次への糧だと思って前向きに考えよ。 ✪ほかの人も多分同じような状態だったんじゃない。 ✪やるだけやったんだからいいじゃない。後は天にまかせようよ。 ✪わたしも同じ。でも、今回で慣れたから、次は大丈夫だよね。 ✪今度の経験があったら次も大丈夫。 ✪わたしもそうやで～あがるあがる。 ✪あがるってことは自分の中で不安があったんじゃない。 ✪わたしもそうだった。だけどそのほうが逆に新鮮な印象が残せるよ。 ✪大丈夫やって。皆も同じやで。（方言） ✪あなたがあがっちゃうなんて、珍しいね。きっと他の人もそうだって。ね、気にしなくていいんじゃない。発表、いつ。そのあと考えればいいって。それにもう今回で十分度胸ついたでしょ。 ✪大丈夫よ。一度経験すると、どんなものか分るから今度はあがらなくなるわ。 ✪失敗は成功のもと。次は大丈夫よ。元気出してね。 ✪誰だって面接試験では緊張するものよ。この経験を生かして、次の機会には落ち着いて話をすることができるようになるわ。

すりにすられた友達を慰める

友人：ねえー、昨日、ひどい目に遭ったんだよ。

あなた：え？

友人：バスですりに携帯をすられたんだ。

回答例：

男性	女性
✪ひどいね。僕が君の携帯へ電話してみてあげるよ。 ✪それは災難だね。悪いことがあった後は良いことがあるものだ。きっといいことあるさ。 ✪最悪だね。携帯の解約した？悪用されるよ。 ✪すぐに契約を解除した？すられないような場所に入れておかないと駄目だよ。 ✪それはつらいな。でも携帯だけですんでよかったんじゃない。 ✪財布じゃないからよかったじゃないですか。 ✪大丈夫？すぐに警察に連絡しないと。 ✪ほんま、最近物騒やがろなあ。これからお互い気をつけよ。 ✪そうか。それは災難だったね。ケガはなかったかい？ ✪まあ、天災だと思ってあきらめようね。実は俺も…（もっと不幸なことを伝える） ✪すられたんじゃなくて落としたんじゃない？すぐに見つかるかも。 ✪最悪だったね。でも携帯なら財布と違ってすぐ回線をとめてしまえば被害が少ないから、不幸中の幸いだね。 ✪ケガはなかったの？貴重品は注意しておかないと何が起きるか分からないね。 ✪へえ～それは災難だったね。でも洋服やかばんを破られたり体を傷つけられなくてよかったね。 ✪お金を取られなかっただけ、ラッキーと思わなきゃね。 ✪新しい携帯にするいいきっかけができたじゃないか。 ✪運が悪かった。お気の毒に。相手が悪い。あなたが悪いのではない。 ✪それはお気の毒でした。犯人がつかまるといいけど期待はうすいね。次から気をつけることだ。 ✪ありゃ！それは悔しいでしょう！でも、命に別状はないし、怪我もしなかっただけでも、良しとしなければ。ケガは？手続きだけはしたか？命とられなくていいとしようか。	✪えぇ、本当？災難だったねー。そんなことあると世の中嘆きたくなるよね… ✪ケガはなかった？こわかったよね。ケータイっていろんな情報入ってるし、これからがたいへんだね。Tel とか知ってる人の分ならおしえるよ。 ✪マジで！！気をつけないとダメだね。 ✪ひどい人もいるね。すぐに携帯電話会社には連絡しましたか？ ✪それはたいへんだったね。でも携帯だけでよかった。 ✪えー！！けどお財布じゃなくてよかったなあ。携帯やったら手続きを止めればいいけど。お財布はそうはいかないし、不幸中の幸い！ ✪うわ。やっぱ、物騒になったんだね。他に取られたものないの？ ✪お財布（お金）は絶対返って来ないけど。携帯なら返ってくるかもしれないよ！こっちから携帯にかけてみれば？ ✪心ない人がいるのね。取る側より取られる側でよかったと思わない？ ✪さすがすりだなー。 ✪ガックリだね。そういう人はきっといつか痛い目に遭うよ。 ✪そんなことする人はバチあたるよ。 ✪ええ！すられた時、全然気付かなかったなんて信じられないなー。ま、新しいの買うしかないね。 ✪ほんとうにショックね。でも怪我をしなくてよかったね。 ✪携帯会社に連絡した？悪用されないようにしたら大丈夫。すられたものはしょうがないから。次からはすられないように自分なりに工夫するんだよ。 ✪それはたいへん。いろんな情報が詰まってるからたいへんだ。なんとか出てこないかな。これからどうするか考えないといけない。本当に運悪いよね。 ✪それは災難だったわね。いやなことは早く忘れましょう。 ✪たいへんなものをとられたね。どこにいても要注意ってことよね。

（续表）

男性	女性
✪まったくひどいやつもいるもんだね。そのうちまたいいことあるさ。 ✪すられたと思わず、落としたと思って気分一新新品を買えばいいよ！ ✪それはたいへんだな。いろいろ支障があるんだろうな。気をつけろよ。ボーとしていると、今年はもっと大切なものをとられるぞ。はっはっ、これは冗談。 ✪仕方がない。すきがあるからねらわれたんだ。今後気をつけろよ。 ✪心を引き締めて、自分を守らないとね。 ✪すられた貴方にも油断があったのでは。今後気をつけてね。	✪人ごみにまぎれてねらっている悪い人がいるからわたしもねらわれたことがあるから気をつけることね。 ✪気をつけないとだめよ。悪い人もいるんだから。届けておいたら戻ってくるわ。 ✪最近のすりは物を取るだけではないので気をつけて。 ✪まあ、大変だったわね。すられたのは携帯だけだった？財布とか、もっと大切なものはすられなかった？わたしも気をつけるようにするわ。

好きな人にふられて

あなた：気持ちはわかるけど、そんなに気を落とさないで。またきっといい相手が見つかるよ。

友人：そうだといいんだけどね。もうこれが最後のチャンスだったような気がして。

回答例：

男性	女性
✪出会いなんてどこに落ちているか分らないもんだよ。 ✪生きている以上、最後のチャンスのはずないじゃないか。また大きなチャンスがきっとやってくるよ。 ✪そう思っていると、次に良い出会いがあっても気が付かなくなるから、気を落とさないように。 ✪失恋の時は毎回そう思うもんだよ。 ✪世の中、出会いと別れが交互にあるだけで、出会いのほうが一回だけ多い。神様は君にとってもっとふさわしい相手との出会いを用意しているんだよ。 ✪何を言っているの。男と女は同じだけいるのだから。 ✪まだまだ出会いはあるよ。今夜はパッと飲みに行こう。 ✪いいや違うと思うよ。少なくともこれから君と出会う人にとっては君と付き合えるチャンスが生まれたからね。チャンスがあるのは最後じゃなくて始まりだよ。 ✪そんなわけないって。人って半径 20km 以内に住んでいる人と結婚するっていうけど。君はまだ出会っていない人のほうが多いと思うよ。ちょっと時間をあけて次の出会いを求めていこうね。	✪誰でもこんな時はそんな気がするものだよ。でも、それは必ず時間が解決してくれることだし、今は自分を磨くチャンスだよ。悩みがあればいつでも聞くよ。 ✪一度ふられたくらいで何言ってんの。まだすきだと思う気持ちがあるのなら、相手が生きている限り何度でもチャンスはあるし、人生一回なんだから納得いくまで相手にぶつかってみるのもいいと思うよ。 ✪とことん落ち込んでみたら。一緒に付き合いますよ。 ✪チャンスなんて世の中転がりまくってるよ。見えてないだけ。晴れたら見えるようになるから、大丈夫。 ✪気晴らしにどこかへ遊びに行こう。 ✪ありえないよ。まだまだたくさん生きるんだし。ひとまずのんでたくさん話してすっきりしよう。その後のことはその後考えましょう。 ✪まさか。なんで最後とか言うの。思い出いっぱいあると思うけどさ。3 日泣いたら、あとは忘れなきゃ。日曜日には遊びに行こう。 ✪あたなの魅力に気づく人はたくさんいるはずだよ。

（续表）

男性	女性
✪人の出会いは予期できないもの。何が起こるか分からない。きっといい人が見つかるよ。 ✪できるだけ多くの人と付き合ったほうがよい経験になるよ。 ✪あなたのことを好きな人はどこかであなたを待ってますよ。 ✪そんなことないよ。今後友人の女の子紹介するから遊びに行ってみない？ ✪君がそう思っている以上、好転はしないよ。 ✪チャンスなんて何回も訪れると思うよ。 ✪たまたま縁がなかっただけ。いずれもっといい人が現れるはず。 ✪そんなことないって。あなたは性格もいいし、きっとまた素敵な人が現れるって。 ✪一緒になる（結婚など）前に分ってよかったじゃないの。別の人を探せばいい。大丈夫、大丈夫。 ✪縁は異なもの、味なもの…。待てば海路の日和有りさ。 ✪そんなことないでしょ。人生は長いんだから…楽しいチャンスはたくさん巡ってくるからそんなに心配することないよ。 ✪世の中の半分は男、半分は女、最後のチャンスであるはずがないですよ。縁は突然訪れることがあるから、大丈夫ですよ。 ✪今は夢中になっているから最高と思うけどもっといい人が必ず見つかるよ。元気だせよ。 ✪世の中、出会いと別れが交互にあるけで、出会いのほうが一回だけ多い。神様は君にとってもっとふさわしい相手との出会いを用意しているんだよ。	✪それは気のせいだよ。次がきっとあるからあせらず待とうよ。 ✪毎日笑顔で過ごしていれば必ず運命の人に出会うよ。 ✪最後と思ったら、ほんとうに最後になっちゃうよ。あくまで通過点。 ✪次！次！ ✪最後なわけないよ。男の人なんてたくさんまだまだいるから。 ✪そんなワケないじゃん。70、80の年寄りだって。相手見つけんのに、何バカなこと言ってんの！ ✪あなたなら、大丈夫。それをばねにもっといい女になれますよ。きっと。 ✪そんなことないよ！！運命の赤い糸はきっとステキな人と結ばれてるよ！ ✪元気だして。何かおいしいものでも食べに行こう。 ✪最後ってことは絶対ないって。でも気持ちはすごく分るよ。縁がなかったんだね。相手と波が合わなかったのかもしれない。 ✪生きている限り最後ってことはすべてに関してないよ。毎日たくさんの人とすれ違っているから、その分だけ何か起こるか分らないよね。 ✪恋愛に「最後」なんてないわよ！！また、いい人が見つかるわよ、きっと。 ✪縁がなかっただけ。最後と決め付けないこと。これからよ！！ ✪人の出会いはやはり縁だよな。本当の相手は気がつかないが、すぐそこにいるよ。 ✪相性が悪かったのよ。赤い糸で結ばれたいい人がきっと見つかるよ。悲しいけど気を落とさないで世の中広いからもっと素敵な人が見つかるわ。

観察・思考・分析をしてみよう

1. 中日の映像資料や日常会話に出てくる慰めの場面をそれぞれ観察し、慰めのストラテジーの違いを比べなさい。
2. あなたのルームメートは一生懸命発表を準備したが，ゼミで先生に激しく批判されたとする⑦。あなたはどういうふうに慰めるか。そして、日本人なら、どういうふうに慰めるか。それについて調査しなさい。

注釈

① 大辞泉．提供：JapanKnowledge.

大辞林．提供：三省堂．

② 王永娜，李军．慰安的话语模式和修辞策略分析．修辞学习.2003年第3期,2003.

関山健治．英語での『慰め』表現にみられる母語からの語用論的転移－日本人英語学習者の場合－．ことばと人間．第2号，1999.

张韶岩．日本語の慰めのストラテジーと日本語教育．多样化日语教育研究．西安交通大学出版社,2006.

③ 陳力衛．日本の諺・中国の諺．日本語学．2006第2号，2006.

④ 金田一春彦．日本人の言語表現．講談社，1975.

⑤ 芳賀綏．日本人の表現心理．中央公論社，1979.

⑥ 自由記述式談話完成テストで構成されたアンケート調査は．小柳昇．ニューアプローチ　中上級日本語（完成編）2003（日本語研究社）の中の会話を参考にして作成したものである。

⑦ 張琳．慰め行動の中日比較—不幸にあった相手にとる言語行動の分析—．中国四国教育学会．教育学研究ジャーナル．第10号:31 － 40,2012.

第10章　説得のストラテジー

❖強硬な態度を取らずに、ある事を相手に説明し納得させるのは、中日とも一般的な説得のストラテジーのようである。それは夫婦平等や家庭平和を求める基本的な家庭のあり方によるのではないかと思われる。

❖家に親を引き取る（引き取らない）ようにとの説得について、家の狭さを理由にするのが中日とも多く見られる。家の狭さは共通の国情だということを表している。

❖日本人の男性は「譲歩」のストラテジーが使うことが多いが、これは中国の男性にめったに見られない妥協の手段である。

❖日本人は個人の権利や自由を尊重する意識が中国人より強いようである。一方、中国人は親を大事にする、いわゆる親孝行意識が日本人より強い気がする。

第10章　说服策略

❖中日普遍的说服策略都倾向于，在说服对方时，向对方解释说明以取得理解，而并非持强硬态度。其原因可能来自于一般家庭普遍谋求夫妻平等与家庭和睦的相处方式。

❖关于使父母搬来同住（或不搬来同住）而进行劝说时，中日都倾向于以家中空间狭小为由。由此可见，空间狭小是两国共有的国情。

❖日本男性多用“让步”的说服策略，而这种妥协手段在中国男性中较为少见。

❖日本人似乎比中国人更加注重尊重个人权利与自由。感觉中国人更加敬重父母，孝敬父母的意识较之日本人更为强烈。

説得は日常的によく行なわれる発話行為である。説得とはあることを相手に説明し納得させ、相手に行動を起こさせる話しの働きである。説得の言い方に似ている言葉が意外に多い。例えば、説き伏せる・言い聞かせる・口説く・やり込める・言い寄る・極めつける・説伏・折伏・申し聞かせる・説き聞かせる・言い含める・申し含める・泣き落とす・納得させる・得心させる・言い伏せる・言い負かす・（相手）を遣りつける・説破・論破・弁派などよく見られる。これらの類義語から説得のストラテジーも多少窺うことができるのではないかと思われる。もちろん、説得者と被説得者との関係や事柄などによって、変わってくるに違いない。国際化が進むにつれて、日本人と中国人とのいわゆる国際結婚が増えてくる。そのような状況下では、文化的背景を異にする人々同士の家庭生活における接触も増加してきている。異文化接触の中で、摩擦やトラブルが起こることも少なくない。意見や考え方が異なる場合、どのように相手を説得するのか、そして、日本語と中国語との説得のストラテジーはどこが異なっているのかに興味深い。

説得効果を左右する基本的な要因として送り手、メッセージ、受け手が挙げられる（浅川 2004）[①]。そこで、本章では、説得者と被説得者との関係を夫婦関係と設定し、日本語と中国語との説得のストラテジーの比較対照をアンケート調査によって試みた。

1. 調査から見た説得のストラテジー

日本国立社会保障・人口問題研究所が「第 2 回全国家庭動向調査」の結果概要[②]によると、日本の 45 ～ 49 歳の中年期の親子の同居がわずかに増えているが、別居する親子は増え続けて 7 割で、都心部では 8 割だとのことである。親子同居嫌いになるのは、同居をしたから問題が起こることがあるからなのである。主な問題は、1）嫁と姑の不仲、2）生活習慣の不一致からくるストレス、3）同居していない兄弟との相続争いが挙げられた。

しかし、もし配偶者の一方が親を引き取ろうとするが、もう一方は親をどうしても自分の家に引き取らないでほしい場合、どのように説得するのだろうか。これを検討するために、以下のような調査内容を設定した。

「主人（妻）が狭い家に自分の両親を引き取って一緒に暮らしたいと言う。

妻（主人）ができないと反対するとする。あなただったら、どのように主人（妻）を説得するか。」

日本語母語話者（男性 39 人、女性 29 人）に、また、同じような調査を中国語版にして、中国語母語話者（男性54人、女性54人）にも実施してみた。

設問をよく見ていないか、設問を誤解することが多い。家に親を引き取らないように説得するおよび引き取るように説得する、という二種類の答えが出ている。設問の目的は本来は前者にあったが、二種類の答えはどちらも面白いから、それぞれ回答Ⅰと回答Ⅱに分けて分析することにした。

（1）回答Ⅰ——家に親を引き取るようにとの説得

本人側は、家に親を引き取るように説得する、と理解し回答したのは 43 人であった。そのストラテジーを次の表 1 のように分類した。

表 1　日本人側の回答Ⅰについての説得のストラテジーの分類

A	相手へのメリットを約束する（例：二人の時間を作ることを約束する。/月に一度旅行する。/伴侶がほしいものを買ってあげる。/家事を分担する。/相手の両親も自分の親と同じように面倒を見る、など）
B	説き伏せる B-1　恩返し・親孝行（例:自分をここまで育ててきてくれたから、今、この時間、親と一緒に居ないと、もういる時間がない。） B-2　親の生活現状の説明（例：わたしの両親は今体調が悪くて、だれかが面倒を見てあげなければならないの。…） B-3　もしも話（例：もしも自分のおやだったら…） B-4　同居のメリットの説明（例：母はいろいろ知っていて、僕らのために役立つことも多いと思う。） B-5　親の世話の必然性（例:親の世話は将来必ずしなければならないことだったら今でも将来でも同じでしょ。） B-6　説教的（例：親を粗末にできない、施した善行には報いが来る。） B-7　提案（例：増築して引き取りましょう。いずれ親の面倒は見なくてはならないのだから。） B-8　自分の老後のために（例：いつか自分自身も年を取る。その時に反対されたら、すごく悲しい気持になる…）
C	拝み倒す（涙ながらに訴える/哀願）

（续表）

D	強硬な態度 D-1　脅かす（例：離婚する。/なら、お前出て行け。/主人にお金は入らないようにするなど。） D-2　断行する（例：増築して引き取る。いずれ親の面倒は見なくてはならないのだから。） D-3　命令（例：両親はわたしにとって、かけがえのない存在だ。自分の両親と思って。）
E	諦める（例：一緒に暮らしたい理由を話して、それでも反対するなら、諦める。）

そして、各ストラテジーが単独で現れた談話数はグラフ1のとおりである。

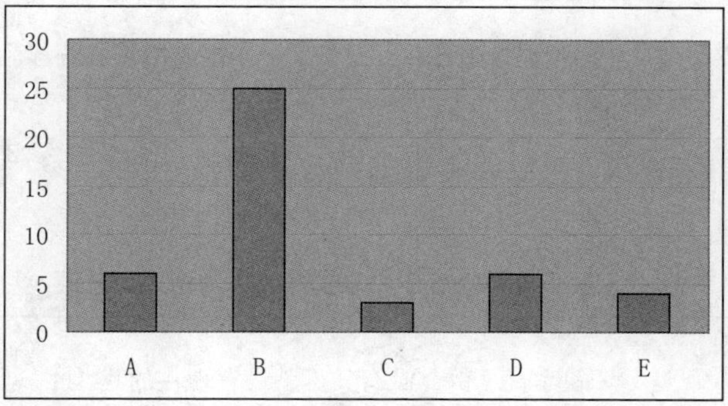

A 与えられるメリットを約束する　B 説き伏せる
C 拝み倒す　D 強硬な態度　E 諦める

【グラフ1】　日本人の各ストラテジーが単独で現れた談話数

男女差としては、「与えられるメリットを約束する」との回答では、男性のほうが多い。親の面倒を普通女性が見るためなのか。「諦める」との回答は女性のほうが高い。女性の弱い立場を表している。

グラフ2は中国側の説得スタイルを表している。中国人側は、アンケートに答えたのが男女とも54人、合わせて108人である。その中で、親を引き取るように説得すると理解した人は22人である。男性のほうが、15人を占めている。中国人側の説得のスタイルは「説き伏せる」に集中している。「強硬な態度をとる」と答える人は3人しかいない。

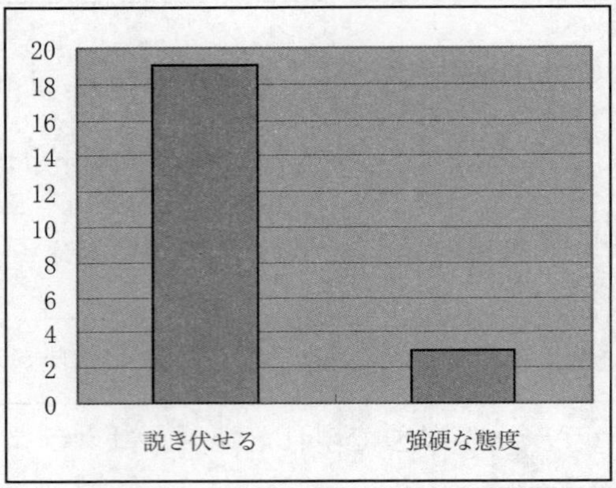

【グラフ2】　中国人の各ストラテジーが単独で現れた談話数

中国人側の説得のストラテジーの詳細は表2のとおりである。

表2　中国人側の回答Ⅰの説得のスタイルの分類

A	説き伏せる A-1　恩返し・親孝行（例：没有父母就没有现在的我。） A-2　親の生活現状の説明（例：他们年纪大了。） A-3　もしも話（例：如果我不负担你的父母，你会高兴？/如果是你的父母也来家里一块住，我反对的话，你有何感受？） A-4　同居のメリットの説明（例：而且咱们俩是双职工，家里孩子没人带。孩子和老人住在一起对孩子们的成长也是有利的。） A-5　親の世話の必然性 A-6　説教的（例：百善孝为先） A-7　提案（例：老婆，要不咱等等买个大点儿的房子。） A-8　自分の老後のために（例：给孩子做榜样。）
B	強硬な態度（例：离婚）
C	その他（不需要说服，天经地义的事，不会考虑对方的意见。）

各スタイルの中では、離婚するとか別居するとかお金が相手に入らないように強硬な態度を取るのが男女とも見られるが、基本的には、夫婦関係としても、相手に納得するまでじっくり話しあったり、理解してもらったりするのがストラテジーになることが明らかになる。

2. 回答Ⅱ——家に親を引き取らないようにとの説得

設問は家に親を引き取らないように説得すると理解しているのは、日本語側は25人、中国語側は86人である。説得のスタイルとしては、中日間にあまり差がないようである。主なストラテジーが説き伏せることである。表3のとおりである。

表3　回答Ⅱについての説得スタイルの分類

A	**説き伏せる** A-1　家の狭さ A-2　人間関係の破壊への心配 A-3　自分の生活に支障をもたらすことへの心配 A-4　妥協の提案（夫の両親には自宅近郊の老人ホームに入居してもらうことにする。/ 広い家に引っ越さない。/ 物件を見つけて住んでもらう。など。） A-5　経済的原因 A-6　親に悪い
B	**強硬な態度** B-1　離婚する B-2　さっぱりと断る（例：まず一緒に暮らせないことを伝える。そのうえで、家が狭いこと、自分が主人の両親の面倒を見ることができないことをはっきりと伝える。）
C	**その他**（両親を世話することは当たり前。反対の理由はなし。）

日本側も中国側も「説き伏せる」との回答は一番多い。「説き伏せる」の理由としては、日本側は一番多く出されたのは家の狭さである。その次は自分たちの生活に支障をもたらすことへの心配。相手の親との関係が悪くなってしまうことへの心配との回答は一番少ない。グラフ3のとおりである。

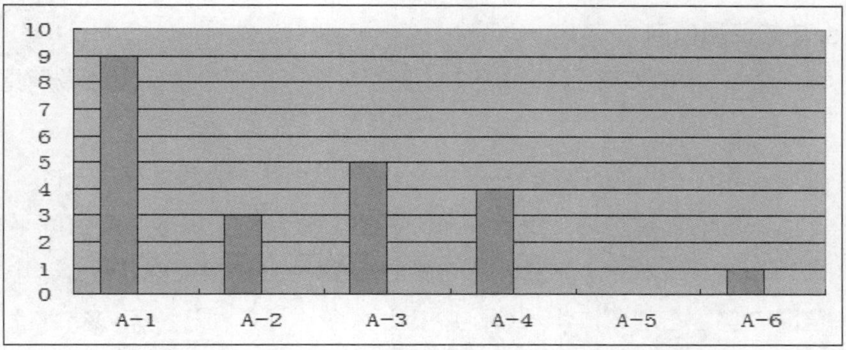

【グラフ3】　日本人の説き伏せる理由が単独で現れた談話数

「説き伏せる」理由としては。中国側は一番多く出されたのも家の狭さである。そのほかに「親に悪い」（「父母休息不好」「老人孤単寂寞」「生活不慣」など）という回答も少なくない。この回答は日本語側では一人しか出ていない。親孝行の意識は中国は日本よりもっと強いことの表れではないかと考えられる。中国側の詳細はグラフ４を参照されたい。

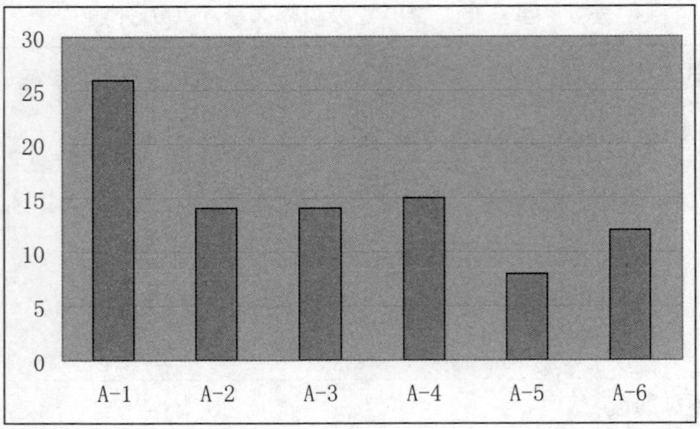

【グラフ４】　中国人の説き伏せる理由が単独で現れた談話数

また、中日の差としては、提案の場合、中国側の親のために「雇保姆」は、日本側では出ていない。お手伝いさんに頼むのは、中国は日本よりありふれたことという国情によると思われる。

また、性差としては、二人だけでの生活を大切にしたいと堂々と主張したのはほとんど日本の女性である。これは日本の女性の素直さを表しているのではないか。

(3) 全体的使用傾向

本章では夫婦関係の説得について検討したが、以下のような特徴が見られた。

① 強硬な態度を取らずに、ある事を相手に説明し納得させるのは、中日とも一般的な説得ストラテジーである。それは夫婦平等や家庭平和を求めるのが基本的な家庭のあり方ではないかと思われる。

② 空間の狭さを理由にするのが中日とも多く見られる。家の狭さは共通の国情だということを表している。

③ 中国人の男性は、日本人の男性のように同居によってかかる負担の変わりに自分の努力で譲歩できる姿勢（例:「ほしいものを買ってあげる」「家事を手伝う」「お小遣い減額、禁煙など」）がほとんど見られない。中国人の男性と日本人の男性の妥協の方法がときには異なっているようである。

④ 日本人側は個人の権利や自由を尊重する意識が中国人側より強いようである。一方、中国人側は親の感じを大事にする、いわゆる親孝行意識が日本人側よりもっと強いようである。

アンケート調査では、インフォーマントの中では、まだ結婚していない人がいるので、回答する側が場面を想定して答えてしまうというデメリットも否めない。日本人と中国人同士の既婚者に面接調査を行い、その結果から資料を分析することを、今後の研究課題とする。

2. 調査から得た生の日本語の説得のストラテジーを学ぼう（回答抜粋）

下記は、アンケート調査の回答から抜粋したものである。日本人の生の説得のストラテジーを学ぼう。

回答Ｉ　家に親を引き取るようにとの説得の回答例

男性	女性
✪自分たちもいつか子どもたちに養わってもらわないといけない時が来るから、今は両親と一緒に暮らしてほしい。不満があればいつでも仲介するから。 ✪妻がほしいものを買ってあげる。協力すると言う。 ✪料理・掃除の文句を言わない。 ✪妻と二人の時間を作ることを約束する。 ✪月に一度旅行する（奥さんと二人で）。 ✪自分もできることなら同居は避けたいと伝える。そのためほかの選択肢についても考慮していることを伝える。しかし、経済的面や精神的事由から同居が一番よいと自分は思うが、妻側はどう思うか？ほかにどんな選択肢があるかを聞く。それらを踏まえた上で、もう一度は話し合い、いろいろ検討した結果同居が一番よい選択肢であると思うように仕向ける。また同居によってかかる負担の変わりに自分の努力で譲歩できること（家事手伝い、お小遣い減額、禁煙など）を伝える。 ✪今日は折り入っての頼みなんだけど、両親をここに引き取りたいのだけど、了解してくれないか。家が狭いのは重々分かっているけど、両親はおとなしいし、ぼくらに干渉は一切しないって言っているし、母はいろいろ知っていて、僕らのために役立つことも多いと思う。一緒に暮らしてみて、うまくいかないようならその時はかならず、検討するから、とりあえず、一緒に住んでみてくれないか。 ✪お前の両親はわたしにとっては親と同じだ。同様に、わたしの両親もお前の親と同じはずだ。自分の両親と思って暮らしてほしい。 ✪親の世話は将来必ずしなければならないことだったら今でも将来でも同じでしょ。	✪大変なのは分かっているが、自分をここまで育ててきてくれたから、今この時間親と一緒にいないと、もういる時間がない…。だから少しの間お願いします。 ✪子どもが親のことを思うのは当然のことでしょう？親孝行ができるのは今しかないと思う。分かってください。 ✪わたしの両親は今体調が悪くて、だれかが面倒を見てあげなければならないの。あなたには迷惑をかけないから、一緒に住んでもいい？ ✪主人に別の最もよい方法を考えてもらう。何が原因で反対しているのかを尋ね、こちらが譲れるところは譲り引き取る方向に持っていく。 ✪増築して引き取りましょう。いずれ親の面倒は見なくてはならないのだから。 ✪あなたの家族でもあると説得する。 ✪いつか自分自身も年を取る。その時に反対されたら、すごく悲しい気持ちになる。経済的な面などを考えたりしたら悩むのも無理はないけど、今すぐにではなくても、近いうちに…。 ✪自分しか面倒を見れる人間がいない。放っておくことはできないので家に入れてほしいと涙に訴える。無理なら自分が両親のところへ行く。 ✪一緒に暮らさなければいけない理由を話します。なぜ反対するか理由を聞き、反対することに納得がいけばあきらめるかもしれないが、今すぐに出来なくても将来的にできるかどうか、妥協策があるかどうか話し合う。 ✪両親を世話することは当たり前だ。反対の理由はなし。 ✪離婚する。主人の給料はわたしが受け取るが。 ✪別居する。主人にお金は入らないようにする。

（续表）

男性	女性
✪家は狭いといっても、両親の面倒を見る必要はある。今までの生活とは変わる部分も増えるであろうが、いい部分もきっと出てくる。手間が増え配慮する部分も増えるだろうが、どうかこの頼みを聞いてほしい。 ✪両親はわたしにとって、かけがえのない存在だ。自分の両親と思って。 ✪親を粗末にできない、施した善行には報いが来る。 ✪なら、お前が出て行け。	

回答Ⅱ　　家に親を引き取らないようにとの説得の回答例

男性	女性
✪まず、現在の部屋は狭くて、両親と一緒に暮らすことになると、自分たちの生活にも支障があるということを説明する。説明をして理解してもらい、それでも両親と暮らすことを望むのであれば、もっと広い部屋に引越しするなどの解決策を考えると思う。 ✪二人の生活が一番大事。両親となら定期的に会う機会を作る。 ✪結婚の前提として両親と一緒に住むことになっているって、それはありえない。もしあったら離婚する。 ✪自分も賛同している。しかし、物理的要因（家の狭さ）からできないと説明する。物理的要因が解決したらできると説明する。 ✪狭い家でお互いに気まずい思いをして、人間関係まで壊したらどうするのか。現状でどうにかならないか。 ✪物理的要因（家の狭さ）だけでなく、心理的に妻に負担をかけることになることを何より心配していると伝える。 ✪両親の角度でこの問題を見れば、狭い家に一緒に住んでいたら、両親の生活も不便だ。 ✪説得するというより、お願いしかないと思う。狭い家というのが一番の問題だね。日常生活するうえで、頻繁に顔を合わすといろいろいやな面が出てくると思う。 ✪仕事で忙しいうえに、気を使うようなことは、自分の家族の維持にも影響が出る。	✪わたしは今の生活を大切にしたいと説得し、妥協案として、夫の両親には自宅近郊の老人ホームに入居してもらうことにする。（お金があればこれでほぼ解決すると思われる。最近の調査では子どもの世話になりたくないというお年寄りが多くなっている。） ✪まず一緒に暮らせないことを伝える。そのうえで、家が狭いこと、自分が主人の両親の面倒をみることができないことをはっきりと伝える。 ✪あなたの立場も分かるけれど、でも今のわたしたちの情況では難しいと思う。なぜなら…。 ✪皆で住める広い部屋に引っ越さない？無理なら引き取ることを諦める。 ✪だんなが反対したら、諦めるかもしれない。 ✪わたしはまだまだあなたと二人だけで（子どもと〇人だけで）過ごす時間を大事にしたいし。将来はどうなってるか分からないけど…。今はまだ無理だよ。お願い！！

（续表）

男性	女性
✪わたしも、あなたの両親と一緒に暮らしたいと思っている。しかしながら、この小さな家で子どもと両親一緒に暮らすのは難しいよ。これから、子どもも大きくなることだし、子ども部屋も必要だ。子どものために両親との同居は考え直そう。 ✪こんな狭い家で、君の家族と住むのはどう考えても不可能だ。君のご両親にも悪い。僕がなんとかして近くでいい物件を見つけてくるから。君のご両親にはそこで住んでもらおう。それでいいじゃないか。 ✪両親にもしものことがあったら大変だけど、自分たちの家が狭いことくらい我慢できるだろう。 ✪自分と相手の両親の関係が悪くなってしまうということを強調して主張する。離れて暮らし、時々会うからこそ気を使って良好な関係を保つことができるのに、毎日顔を見るようになるとだんだんとそのように気を使えなくなり、良好な関係を保つことができなくなることをしっかりと説明し、理解してもらおうとする。	✪一緒に暮らしたい気持ちも分かるけれど、2世帯でもないし、狭いからそれはできない。 ✪もしうちの狭い家に両親を引き取ったら、混んでいないだろうか。困ることよりわれわれは夫の両親には自宅近郊の老人ホームに入居してもらうことにする。

観察・思考・分析をしてみよう

1. 社会生活を送る上で、何らかの方法で他人を説得しなければいけない場面は数多くある。例えば、

仕事上の説得場面（上司の説得、部下の説得、同僚の説得など）

学校での説得場面（教師の説得、学生の説得）

家庭での説得場面（親の説得、子どもの説得、伴侶の説得）

できれば、これらの場面がある中日のドラマや映画を観察して、中日間の説得方法の違いを分析しなさい。

2. 説得の場面設定をして、説得のテクニックを考えながらロールプレイを作りなさい。

注釈

① 浅川雅美．説得的コミュニケーション一応用例としての広告効果．わかりやすいコミュニケーション学　基礎から応用まで2. 岡野雅雄，編集．三和書籍，2004.

② 日本国立社会保障・人口問題研究所．第２回全国家庭動向調査．http://www.ipss.go.jp/ps-katei/j/Nsfj2/NSFJ2_index.html,2000.

③ 張韶岩．説得のストラテジーの中日対照．第４回日本語教育研究国際シンポジウム論文集，2008.

第11章　褒めのストラテジー

- ❖「器量よし」「二枚目」のような日本語特有な褒め言葉がある。
- ❖日本人にはどのように褒められたら嬉しくなるかは性別によって異なる。
- ❖外来語を使うのも日本語での褒めのストラテジーの一つである。
- ❖中国人の日本語学習者の日本語での褒めに落とし穴がある。

第11章　夸赞策略

- ❖日语中有“器量よし”“二枚目”一类特有的夸赞词语。
- ❖如何夸赞才能让对方感到欣喜，日本人会根据对方的性别选用不同的称赞方式。
- ❖使用外来语也是日语中夸赞策略的一种。
- ❖中国人日语学习者使用日语夸赞时存在极易失误之处。

「褒める」ことが基本的には肯定的な行為であって、コミュニケーションの潤滑油でもある。上手な褒め方は相手に気持ちが通じ合うものになるが、反対に下手な褒め方はお世辞やおべっかに聞こえてしまう。

文化的に適切な形で使うのは一段と難しくなる。時には、何か誤解される危険性もはらんでいるおそれもある。

外見を褒められるのは嬉しいことであるが、「这顶绿帽子戴在您头上多合适呀！」（この緑の帽子はあなたによく似合いますね。）と言われる中国の男性は喜ばないだろう。なぜなら「戴绿帽子」（緑の帽子をかぶる）は「妻を寝取られた男」という意味だからなのである。また、日本語では、日本人に「手が長い」と言わないほうが無難であろう。「人のものを盗む癖がある」という意味を持っているからである。

そして、相手を褒め殺ししないようにも心がけよう。「褒める」というプラスのイメージを持つ言葉と「殺す」が結びついたら、「褒める」という行為そのものに何かマイナスの側面があるようになるからである。フリー百科事典『ウィキペディア（Wikipedia）』によると、「褒め殺し」は、もともと相手を「褒める」ことで結果として相手を「だめにすること」を指し、その後、相手を「だめにする」ことを目的として「褒める」ことをも意味するようになった、とのことである。

褒めることのマイナス面をあえて強調したが、決して褒めることが悪いというつもりはない。適切に褒め言葉や褒めのストラテジーを選ぶように気をつけよう。

本章においては、多くの文献[①]を参考として、日本語の褒め言葉や褒めのストラテジーを紹介する。そして、異文化コミュニケーションの立場で中国人の日本語学習者の褒めの落とし穴にも注目してみる。

1. 日本語の褒め言葉

日本人はあまり人を褒めないと言われているが、西洋人により影響されたためか、日本人同士も褒め合ったりする言動が増えてきている。そして、日本語では相手の外見・容貌、人柄・性質および業績、能力を褒める時に日本特有な言葉や表現が使われる場合がある。褒め言葉が数えられないほど存在しているが、この節では、主に日本語の特有な褒め言葉を紹介する。これらの言葉から日本独特な文化や歴史、審美感が窺えるのではないかと思われる。

(1) 女性の外見・容貌を褒める日本的な言葉

日本人は人の外見・容貌につき、下記のような褒め言葉を使っている。

「器量よし」は、顔だちが美しいことを表している。中国語の「姿色」の意味にあたるであろう。逆に「不器量」は、顔かたちが醜いことの意味になる。例えば、わたしゃ糸屋の**器量よし**（糸屋さんの看板娘のこと。）

「八頭身」は、身長が頭部の長さのおよそ8倍であること。均整のとれた女性の理想のスタイルとされる。昭和28年（1953）頃から流行した語だと言われている。今は9頭身や10頭身の方がインパクトがあるようだ。

「白魚のような指」は、女性の繊細な指を例える言葉である。魚に喩えて女性の指を褒めるのも海の幸に恵まれている環境に因んでいるのであろうか。

「緑の黒髪」は、黒くつやのある女性の美しい髪である。島崎藤村の「惜別の歌」の中にこういう文が出ている。

君がさやけき目の色も
君くれないの唇も
君が緑の黒髪も
またいつか見ん　この別れ

残念ながら、現代の日本では緑の黒髪の人は、珍しいのではないか。髪染めがはやっているから。

「小股の切れ上がった」は、女性の足がすらりと長く、いきな姿を表す言葉である。

「○○小町」は、小野**小町**（平安前期9世紀頃の女流歌人でしかも絶世の美女だと言われている。）にちなんだ表現で、女性について美人であることを言っている。多くその女性の住んでいる土地の名をつけて呼ぶ。例えば、「豆腐屋**小町**」（豆腐屋にいる美しい女性）など。米の名前になっている「秋田**小町**」もそうである。秋田**小町**は米の国秋田県が育んだ美味しい米のことである。

「富士額（ふじびたい）」は、額の髪の生え際が富士山の形に似るもの。美人の条件とされた。古い言葉になったが、現代日本語では絶対使わないとは言えない。例えば、私は立派な富士額を持つ20代女性です。

(2) 男性を褒める日本的な言葉

「二枚目」は、カッコいい男性、美男子のことを意味する。江戸時代、歌舞伎の劇場には俳優たちの看板が掲げられていた。看板は全部で8枚から掲げられていた、右から一枚目は主役、二枚目は、主に恋愛場面を見せる美男の立ち役。ここから転じて、美男子を**二枚目と呼ぶようになる**。

「紅顔（こうがん）」は、年が若く血色のよい顔。転じて少年のことを指す。よく「紅顔の美少年」と言われる。

「イケメン」は、容貌、容姿ともに美しい男のことを指している。「いけ」は「いけてる」の略、「めん」は「面」と「men」を掛けた言葉。ふつう**「イケメン」**と書く。

「鯔背」は、男気のある若者を指している。

「伊達」は、あかぬけて洗練されていること。伊達政宗の家臣が華美な服装で人目をひいたことからという説がある。例えば、赤い蝶ネクタイの**伊達**な男（プログレッシブ和英中辞典）。伊達政宗（1567—1636）は、安土桃山時代～江戸初期の大名で、仙台藩祖である。

これらのうち、話しことばでは、使用頻度は低い言い方があるが、文学で目にするケースが多い。

(3) 人柄・性質を褒める言葉

「八面玲瓏」は、心が清らかで何のわだかまりもなくおおらかなこと。

「天衣無縫」は、完全無欠で美しいこと。転じて人柄や性質にも用いられるようになった。

「地道」は、一歩一歩着実に物事をするという意味になっている。

「〇〇肌」は、気質、気性のこと。名人**肌**は、がんこであったり、利害に恬淡としていたりする気質上の傾向。親分**肌**は、人の面倒をよくみて頼りになるような気性であること。そのほかに学者**肌**、勇み**肌**、競い**肌**なども見られる。

「駆け込み寺みたい」は、何か困ったことがあった時に相談に乗ってくれる人を指す。

「渋い」は、基本的な意味として、味覚を表す言葉である。色や模様、ふるまいについて用いられると、派手さはないが落ち着いた、深い味わいが感じられるようすを表す。地味な美しさやよさは日本語独自な表現である。

「空気を読んでいる」は、コミュニケーションの場において、状況をうまく把握できて、適切なタイミングで適切なことばを選ぶことができる人を指す。好まれる人間である。

「天然ボケ」とは、言動が常識から少々ずれており、しかも自分が何をしているのかはよく理解しているものの、それが周囲の一般的観点から少しばかりずれていることに気がついていない人に対して用いられる。外面的な性格の類型の一つ。「幼さ」を連想させる「かわいらしさ」や笑いの要素と捉えられる。その無邪気、あるいは素直な行動が周囲を和ませる点で、しばしば癒し系と同様に語られることもある。

「癒し系」は、近年は若者を中心として、**癒し**の特徴、特性を持つ人物や物体などを**「癒し系」**と表現することがある。例えば、**癒し系**の看護師さんですね。

(4) 相手の出身地を引き合いに出して褒める言葉

日本語の中には、相手の出身地を引き合いに出して褒めることがよくある。例えば、

さすが**九州**男児。男らしいね。

さっぱり、きみは**江戸**っ子だけのことはある。気風がいいね。

愛媛出身ですか。あそこは暖かくていいところですね。人も温かいでしょう。

そのほかには、また**秋田**美人、**京**美人、**博多**美人という「日本三大美人」という言い方もある。

(5) 業績・能力を褒める言葉

「大御所」は、すでに引退して表面に出ないが、その世界で大きな勢力をもっている人。徳川家康が将軍職を秀忠に譲ったあと、大御所と称して政事を行ったように、政界から隠退してもなお隠然たる勢力をふるう人を**大御所**と言うため。例えば、芸能界の**大御所**の死は世間に大きな衝撃を与えた。

「立て板に水」とは、弁舌が流暢なこと。　例えば、彼の弁論は**立て板に水**だ。

「ウイットに富む」とは、奥深く、新鮮な、興味深い、相手の頭のよさを表す。

(6) 感嘆詞での褒め言葉

日本語では、相手を褒める時には、非常に感嘆詞を多用している。「キレイ！」「ステキ！」「すばらしい！」「かわいい！」「かっこういい！」「うれしい！」「驚いた！」「最高ね！」「なかなかだね！」「みごとね！」「やったね！」「よかった！」「すごい！」「いいね！」「さすが！」などなど。

これらの感動の言葉はそのまま「褒め言葉」になっている。感嘆詞は、何に対して褒めているのか具体的でなくて、曖昧に褒めるという特色もある。褒め言葉にも日本語の曖昧さが表れているのであろうか。短い言葉であるが、相手に感動をストレートに伝えられるので日本人に好まれているのであろうか。

この中に、副詞や形容詞もあって、これらの副詞や形容詞は感嘆詞の役割を果たしている。

ここにおいては、**「かっこういい」**という言葉を取り上げて説明したい。

「かっこういい」は、中国語の「帅呆了、酷毙了」の語感がある。今、若者は「めっちゃ**かっこういい**」ともよく言う。反対語は「かっこう悪い」である。奥山(1996)によると、「**かっこういい**」はハナ肇（はじめ）とクレージ・キャッツがテレビ番組で使った言葉で、作者は青島幸男であるという。ハナ肇とクレージ・キャッツは、日本のジャズ・バンド、お笑いタレント、歌手グループで、青島幸男（1932～2006）は、日本の作家、作詞家、タレント、俳優、放送作家、映画監督、政治家、東京都知事（第13代）を歴任した。

はじめは、姿・形がよいことを表したが、今、格別の決まりはなく、どんな場合でも都合よく行った場合には、「**かっこういい**」という。例えば、「**かっこういい**男・年賀状**かっこういい**・**かっこういい**サラリーマン・デザイン**かっこういい**・**かっこういい**髪型・**かっこういい**英語・ラジオ番組が**かっこういい**・フランス語ができたら**かっこういい**・彼は**かっこうよく**生きている・**かっこういい**名前」など、広い意味で使われている。

「かっこういい」の意味もその場によって適当に把握する必要がある。例えば、「かっこういい名前」と言ったら、音感や字面にどこかにユニークなところがあるのではないかというような感じの名前である。

(7) 外来語での褒め言葉

外来語の多用について、50年代には「外来語の乱用」、60年代には「外来語の洪水」、70年代には「外来語の氾濫」と言われるように、日本語では、人の外見や性格などを褒める言葉の中でも外来語がけっこう多く使われている。これも日本語の褒めの特色の一つではないかと思われる。例えば、積極的な人に対して「アクティブだね」とか「アグレッシブだね」と言う。日本人が日常生活の中で人を褒める時によく使われている外来語を次のように挙げられる。

「アグレッシブだね」は、「攻撃的」「侵略的」「積極的」を意味する言葉であるが、仕事やビジネスでは、アグレッシブな人とは褒め言葉である。有能なビジネスマンのことを指す。

「エネルギッシュだね」は、活力にあふれているさま。

「オリジナリティがあるね」は、独創性、創意があるという意味。

「キュートだね」は、活発でかわいらしいさま。若い女性に言う。

「キャリアウーマン」は、職業を持つ女性。特に、専門的な知識や技術を必要とする職業に従事している女性。

「クールだね」は、「冷たい」「涼しい」「冷静」「冷淡」「かっこういい」という意味。

「グラマーだね」は、女性の体つきが、豊満で性的魅力のあるさま。肉感的。

「コケティッシュ」は、女性の、なまめかしいさま。

「シャープだね」は、鋭敏なさま。

「スイートだね」は、女らしくてかわいい女のことを指す。

「スタイリッシュだね」は、流行にあっているさま。当世風。例えば、スタイリッシュな着こなしですね。

「スピーディだね」動きが早いさま。また、物事が能率よく行われるさま。

「スリムになったね」は、ほっそりとした体つきになったという意味。

「スマートだね」は、本来は、「頭が切れる」「（外見が）かっこういい・おしゃれな・洗練された」「小じゃれた・最新流行の・あか抜けした」という意味があるが、いつのまにか「痩せている」のように転意した。

「セクシーだよ」は、性的魅力のあるさまを表す。

「ダンディだね」は、男性の服装や振る舞いが洗練されていることを表す。

「チャーミング」は、魅力的な女性のこと。

「ナイーブだね」は、飾りけがなく、素直であるさま。

「リラックスするね」は、くつろぐこと。

「レスポンスが早いね」は、応対が早いのを意味する。

「ロマンティストだね」は、ロマン主義者を意味する。

「バイタリティがある」は、いきいきとした生命力、活力、活気を意味する。

「ピュアだね」は、純粋。また、けがれがないさま。純潔。

「ポジティブ思考だね・プラス思考だね」は、物事を肯定的な方向に考えることを意味する。

「ホスピタリティがあるね」は、歓待の精神があるという意味。

「マイペースだね」は、他人の意見に左右されず、自らの意思で行動すること。マイペースの意味に似ている言葉の「唯我独尊・こつこつ・わがまま・自分勝手」にはいい意味ではないが、「マイペース」は、個性的」でプラス的な意味がある。

「マニアックだね」は、あることに極端に熱中しているさま。

「モチベーションが高いね」は意欲・やる気・士気があるという意味。

「マナだね」は資質であり、実体であり、力であるということを表す。

「ピュア」や**「キュート」**などのように、日本語で表現できるところをわざわざ外来語で表現するのは、なぜであろうか。『国語に関する世論調査』の調査（2002年11月）によると、外来語が好ましいと感じる人の理由は、「カタカナ語でなければ表せない物事があるから」が最も高く72.5%、以下、「カタカナ語の方がわかりやすいから」42.3%、「日本語や日本文化が豊かになるから」18.8%、日本語は昔から外国語を取り入れてきたから」18.5%、「カタカナ語はしゃれているから」8.1%、そして、「何となく」が4.5%である。

その中で、「日本語や日本文化が豊かになるから」というのは興味深い。確かに、「外来語の洪水」で日本語の表現が豊かになるのも事実である。例えば、「痩せている」ことを褒めたい場合、「スリムですね」「スマートですね」「ほっそりしてらっしゃること」「スラリとお美しいですね」などのようにいくつかの言葉で表現できる。

2. 日本語における褒めの落とし穴

中国人の日本語学習者が日本人と接するにあたって、日本語で褒めたつもりなのに、つい相手に不愉快な気分をさせたこともよくある。それで、どんなことに気をつければ、褒め言葉の落とし穴に落ちることを避けられるのだろうか。

(1) 中日同形語の意味の差異における落とし穴

前記のように、日本語の褒め言葉の中には、「器量よし」「紅顔」「八面玲瓏」「天衣無縫」「地道」などがある。これらの言葉は中国語でも使われているが、意味がまったく異なっている。こういう同形異義の言葉における落とし穴に落ちないように気をつけなければならない。

日本語の「器量よし」は、女性の美貌を褒める言葉である。中国語も「器量」という言葉があるが、日本語とまったく意味が異なっている。日本語の「器量」は、中国語で「姿色」といって、「器量がよい」とは「有姿色」という意味である。そして、日本語では「器量よし」は、女性に対する褒め言葉で男性に対しては使われない。男性に対して「器量」を使ったら、能力や才能などが優れているを表す。逆に中国語の「器量」は、日本語で「度量」という。例えば、「他的器量很大。」は、日本語で「彼は度量が大きい。」という。

また、日本語の「紅顔」も、中国語の「红颜」と意味が違う。日本語の「紅顔」が美しい少年の意味に対し、中国語では、美しい女性のことを指している。周知のように、中国語でよく「红颜薄命」という。美しい人に薄命が多いことを表す。また、「红颜知己」は、女性の親友のことを指す。日本語の「紅顔の美少年」という言い方は中国語の唐詩「此翁白头真可怜，伊昔红颜美少年。」にも見られる。しかし、現在では女性の美しさという意味に変わった。日本では中国古代の使い方のままで、少年の美しさを表す。

そして、「八面玲瓏」は、日本語では褒め言葉である。すべてに美しく、欠点の無いことなのである。現代の中国語でも使われるが、マイナスの意味として受け取られる。日本語の「八方美人」の意味にあたる。

「天衣無縫」は、完全無欠で美しいこと。転じて人柄や性質にも用いられるようになった。「天衣無縫な性格」「天衣無縫な人柄」「天衣無縫なふるまい」などの用例は中国語にはない。

「地道」は中国語でも使われているが、意味が大きく異なっている。中国語の「地道」は、正真正銘の意味がある。例えば、「地道的青岛啤酒」。これは「正真正銘の青島ビール」という意味である。日本語の「地道」は、一歩一歩着実に物事をするという意味になった。

(2) 目上への褒め言葉における落とし穴

褒め言葉とはいえ、目上の人に対しては失礼にあたる表現もある。褒めるという行為は、ふつうは上位から下位へと行われやすい。下位から上位に対して行われると、マイナスのイメージがついてくる時がある。

褒めるということが評価することであるなら、それだけの知識や体験といったものが必要である。ただ年齢や身分の上下関係ということだけではなく、知識や体験の質・量におけるタテの関係が問題になる。

例えば、「頑張っていらっしゃいますね。」「ご苦労さまです。」はねぎらいの言葉なので、目上の人に使いにくい。「頑張っていらっしゃいますね。」は、たとえ言い方が丁寧でも失礼である。

また、「よくやった」とか「お上手」「うまい」などは能力の高い人が、自分より下の人に向って使う言葉なので、目上に使ったら、失礼になる恐れがある。

学生は先生に向って「先生は立派に授業をされてますね。」と言っても、先生は、自分の仕事が正当に評価された上での発言とは思えないのだろうか。それどころか、「あなたには評価する能力があるのか。」と腹が立つ人もいるのも事実である。

目上の人を絶対褒められないということではない。ただ、少し言葉の使い方が違ってくる。つまり、評価をするのではなく、自分の感想を述べればいい。例えば、「先生の話はとても面白かった。」とか、「分かりやすく説明してくださったので、わかりました。」とか。あるいは、「どうやったら先生のようにできるの。」という質問の形を使って間接的に褒めるように工夫しなければならない。

もちろん、タテ社会からヨコ社会に変わっていく日本は、「褒める」の階級性も緩んでいる。目上に「ご苦労さん。」とは言えないが、「お疲れさま。」などと言っても気にしない目上がいるようである。

(3)「が」と「は」に隠れている落とし穴

中国語では「は」「が」のような助詞の使い方がないので、中国人の日本語学習者は「は」「が」がとても間違いやすい。「が」を使うべきところを「は」を無意識に使うようになる場合が多い。

例えば、相手が書いている文字を見て、「字はお上手ですね。」と言ったとする。そう言った本人は褒めているつもりでも、聞くほうにすれば、「すると、字以外は下手だと言いたいわけ？」と不快に思うことがある。これは「字がお上手ですね。」や「字もお上手ですね。」と言えばすむ話。「口は達者ですね。」「行動力はあるね。」「向上心はあるね。」なども同じように失礼な表現になる。

一見文法上の問題であるが、コミュニケーション上の間違いを犯してしまった。褒めているような言葉であるが、失礼になる表現になってしまったということである。

また、知人に会って、「きょうはきれいだね。」と言っても、相手にしてみれば褒められているとは思えない。相手は「じゃあ、いつもきれいではない？」と気分を害することもある。

同じように、使い方に注意したい褒め言葉に「昔はきれいでしたね。」がある。人を褒める時は、現在形・過去形の扱いにも、配慮が必要である。

(4) 持ち物を褒める時の落とし穴

日本人同士も、持ち物に関心を示している。基本的には、「すてき、似合う、おしゃれ、しっくり、あかぬける、りりしい、クール」のような言葉がよく用いられる。

例えば、衣服に気を使う人を褒める場合は、「よくお似合いですね。」「すてきなおめしものですわね。」「いつもオシャレですね。」と言う。

高級なものを持っている人に対して、「ブランド品がお似合いね。」「高級品がすてきでお似合いね。」などのように、全体の印象で褒めることが多い。

会話は一歩進んで、「その服どこで買ったの。」「高かったでしょう。」と聞く場合もある。これらの言葉は、一見すると、褒め言葉ではないように見えるが、実際そんなことはない。「いくら」などのところを聞けるかどうか、厳密なルールがない。相手との関係次第であるが、ふつう、「それはどこの服」「いくら」と根掘り葉掘りに聞くのはしないほうが無難である。

(5) 意味がプラスかマイナスかによる落とし穴

褒め言葉を適切に使うためには、その言葉のもつ含み、つまりニュアンスについて知る必要がある。言葉のニュアンスには大まかに言って、プラスとマイナス、あるいはポジティブ（肯定的）とネガティブ（否定的）がある。プラス、ポジティブとは「良い意味」「褒める意味」を、マイナス、ネガティブとは「悪い意味」「けなす意味」を指す。日本語では、例えば、「きれいなおばさん」といえば、話し手が相手を褒めているが、「派手なおばさん」といえば、マイナス的なイメージになる。

ほかの例であるが、「顔が広い」という表現は人脈をもっているという意味であるが、時と場合によっては、「遊び歩いている」というふうにとられることもある。この場合は「みなさんから好かれるのよね。」「社交的ですね。」と言ったほうが、その人に魅力があるというようにとられる。

人によって言葉のニュアンスも変わってくる場合もある。特に性格や能力を言及する時は慎重に言葉を選ぶべきである。例えば、「おとなしい」という言葉は、「静か」「落ち着いている」「おとなっぽい」など、褒め言葉としてとらえる一方で、「暗い」「消極的」という含みもある。それで、「おとなしい」と言われた人が、実はそのことにコンプレックスを感じていて、自分の性格を否定に捉えているケースもある。この場合、「落ち着いていらっしゃるから。」「落ち着いていてしっかりしているから。」というような言葉を選ぶのが無難であろう。

また、外来語を使う場合も、そのことをポジティブにとらえているのか、ネガティブにとらえているのかに気をつけなければならない。例えば、「ナイーブ」は、日本語では女性の「純真」「素直」「素朴」「無邪気」「飾り気がない」といったよい意味で使われることが多い。英語では「世間知らず」「ばか正直」「精神的に未熟な」「世間知らずの」「信じやすい」「だまされやすい」「考えが甘い」「青臭い」というように否定的にとらえる。中国語においても、英語とおなじ傾向が見られるであろう。「ナイーブ」や「かわいい」を肯定的にとらえることから日本人の価値観や美意識を窺うことができるのであろうか。

文化によって言葉のニュアンスも違う場合も少なくない。例えば、中国語では「性子急」はプラスかマイナスかのどちらではなくて、中立的な意味にとらえている。「你是个急性子啊。」（あなたは気が短いですね。）と気軽に言い出せるが、日本語では「短気」や「気が短い」などはマイナス的にとらえているのである。食事を急いで食べていた日本人に「〇〇さんは気が短いですね。」という言葉を中国人の日本語学習者から耳にしたことがある。中国語ではぜんぜん問題ないが、日本語では適切な表現とは言えない。そのほかに、人の性格を表す言葉に「理屈っぽい」「おおざっぱ」「こまかい」「でしゃばり」「感情的」などもあって、プラス的な意味の言葉ではない。

3. 性別による褒め言葉と日本語の褒め言葉リスト

どんな褒め言葉を喜ぶか、性別差もはっきりしている。どういうように褒められたら嬉しいかについて、ネットではこれについての調査をし、ランキングした。その結果は表１のとおりである。

表１　性別による喜ぶ褒め言葉のランキング

順位	男が褒められて嬉しいことランキング	女が褒められて嬉しいことランキング
1	仕事ができる	料理が上手
2	責任感がつよい	肌がきれい
3	頼りがいがある	気がきく
4	知的である	清潔感がある
5	やさしい	笑顔がかわいい
6	人を見る目・観察力がある	字がきれい
7	気が利く	若く見える
8	若く見える	髪がきれい
9	さわやか清潔感がある	スタイルがいい
10	話がうまい	やさしい

男性に対して、仕事や能力などを、そして、女性に対して料理、肌、笑顔、髪、スタイルなどの外見に関することを褒めるのが相手の心に響くだろうかということが分った。

ここにおいては、表２のように褒め言葉をリストアップして、必要な時に性別差や年代別などの状況を念頭に置きながら、適当な褒め言葉を使おう。

表 2　日本語の褒め言葉リスト

あ行	あかぬけしてるね	頭の回転が速いね	いとしいね
	いい声してるね	癒されるね	癒し系だね
	嫌みがない人だよね	一本筋が通っているね	腕がいいね
	裏がない人だ	裏表がないね	男前だね
	男らしい	男っぷりだね	おおらかだね。
	おしゃれだね	おちゃめだね	おもいやりがあるね
	思い切りがいいね	オーラーがあるね	エンターテインメント性があるね
か行	飾らない人だね	かっこういいね	考えが深いね
	感性が豊かだね	感性がするどいね	頑張り屋さんだね
	機転がきくね	清らかだね	気が利くね
			強調性があるね
	几帳面だね	気配りが上手ね	気遣いができる
	器用だね	気を許せる人だね	求心力があるね
	吸収力があるね	クオリティーが高い	謙虚だね
	決断力があるね	口が堅いな	口がしまっているね
	口が達者だよな	献身的だね	向上心があるね
	行動力あるね	声が通るね	こつこつ型だね
さ行	才色兼備だね	最高だよ	情熱的だね
	支えになるよ	実直だね	しぶいですね
	自分をちゃんと持っているね	情が深いね	情に篤いね
	思慮深い人だね	しゃきっとした背中だね	柔軟性があるね
	純粋だね	すがすがしいね	素直だね
	清潔だね	清楚だね	センスがあるね
	繊細だね	洗練されているね	正直だね
た行	手際がいいね	堂々としているね	洞察力があるね
	天才肌だね	知性があるね	妥協しないね
	頼りになるね	強い意志を持っているね	
な行	似合ってるね	人間臭いね	人間味があるね
	なごむね	柔和だね	
は行	さばさばしてる人	バリバリやってるね	ひたむきだね。
	人を見る目があるよ	人が集まってくるよね	人に好かれるよね。
	人の輪ができるよね	人を明るくさせるよね	人を楽しくさせるよね。
	人望があるね	人に合わせられるんだね	人の痛みがわかる人だね
	品位があるね　品がいいね	品性があるね	ピュアだね
	深いですね	包容力があるね	人の気持ちが分る人だね
ま行	面倒見がいいね	物知りだね	前向きだね
	目力あるね	プラス思考だね	
や行	よく通るステキな声	行き届いているね	ユニークね
ら行	理性だね　冷静だね	りりしいね	凛としているね
わ行	わくわくさせるね		

観察・思考・分析をしてみよう

1. 中国語で目上を褒めることができるかどうか観察しなさい。

2. 次の文は、士郎と香という若者の見合いの場面である。仲人としての「夫人」はどのような言葉でふたりを褒めているのか。

夕食会は始まった。

いつもはホールの東寄りの一隅に寄せられている折りたたみ式のテーブルは長く開かれて、イタリア製のナプキンが並び、テーブルの中央には紅バラが飾られていた。その紅バラを挟んで士郎と香が向き合い、士郎の隣に夫人が、香の隣に一夫が、そうして、たまたま来合わせた佐久間夫人が長方形のテーブルの短い方の一辺に坐っていた。

「香さんはねえ、士郎さん、とても優しい方なのよ。エンゼルのような方よ。香さんのお母さまもいってらしたわ。香が怒ったのをまだ一度も見たことがありません、って…」

（略）

香は小象のような身体に衿ぐりの大きなピンクのドレスを着て、パールの三連ネックレスを垂らしている。（略）

「まあ、素晴らしいパールですこと！」夫人は小さく叫んだ。

「上品な光ねえ。静かで…控えめで、落ち着いていて…なんともいえず美しいわ…」

「ほんとう！さすが大山さんのお嬢さまねえ。さっきから私、感心して見ていましたのよ。これだけの粒を揃えるのは、たいへんなことでしょうねえ」

佐久間夫人がいった。

「豊かな胸によくお似合いよ」夫人はいった。

「女王の貫録ねえ。ホントに眼の保養をさせていただきました。ねえ？士郎さん」

（略）

「士郎さん、香さんは何でもお出来になるのよ。お料理はお上手だし、手芸、洋裁、お習字、お茶、お花、今はろうけつ染めの勉強をしていらっしゃるんですって」

「はッ、そうですか」

「香さん、士郎さんはごらんのとおり真面目一方の方。今のお返事みてもわかるでしょう？」夫人は声を立てて笑った。

「今どきに珍しい青年よ。とっても親孝行なの。（略）」

（佐藤愛子『忙しい奥さん』角川文庫　P36 ～ 38　昭和五十四年）

3. 褒めへの応じ方も興味深い課題であるが、観察しなさい。

日本語のほめことばに対する応対について、金田一（2002）[②]は『日本語を反省してみませんか』で次のようなおもしろい話を書かれている。

江戸の小説であるが、駿河から客がたずねてきた。主人はご馳走に駿河の国をほめ、客を喜ばせようと「お国は結構なところで、竹細工などほかの国のものは比べ物になりません」というと、客は「いえいえ、あれはお江戸の亀井町のほうがはるかに上手でございます」と言って取り合わない。「それでは、なすびをいち早く賞美するのはお国のものでございます」というと、「いえいえ、それも本所の砂村に敵いませぬ」とかわされる。なんとか卑下させぬ方法はないかと案をめぐらし、「しかし、何と申しましても駿河の富士は日本一の名山でございましょう」というと、相手は「いえ、あれも半分は雪でございます」と言ったという。

主人は感心して、なるほどこれ見事な応答ぶりである。自分もひとつ見習おうと心に期していると、客が「時にあなたはこの前お目にかかった時よりだいぶお太りになりました」と言う。（そのころはふとったといわれることを喜んだのだ）。主人ここぞと思い、「いえ、とんでもない。これも半分は垢でございます。」

極端な話であるが、日本語の謙遜表現の一端を窺い知ることができるのではないかと思われる。日本語には謙遜表現が多いとよく言われている。すこしでもほめられると、「いえいえ、そんなことはありません」と言って卑下するそうだ。しかし、言語は常に変化している。ほめへの応対はどういうふうに変化しているのか。

ヒント：多くの日本語教科書においても、ほめられるときの日本語の典型的な返答は否定であるとされている。実際は、どういうふうに応対するのかは、話す相手との関係、発話内容といった社会変数による。また時代的変遷にもよるのではないか。

注釈

① 植西聡，著．褒めことばの法則　心理からカウンセラーが教える101のテクニック．アスペクト，2008.

フリー百科事典．ウィキペディア（Wikipedia）.

赤祖父哲二，ほか．日・中・英言語文化事典．マクミランラゲージハウス，2000.

アダム徳永．毎日使える！褒めことば　女性を喜ばせる作法．PHP研究所，2008.

宇野義方，監修．日本語倶楽部，著．使ってはいけない日本語．河出書房新社，2002.

奥山益朗．罵詈雑言辞典．東京堂出版，1996.

大嶋里佳．3分でわかる好感度アップ話し方．大和書房，2007.

現代言語セミナー，編．褒め言葉の辞典．事務教育出版，1994.

田丸美寿寿．面白おしゃべり術．青春出版社，1982.

長野伸江．賞賛語・罵倒語．小学館，2005.

平木典子，ほか．いい言葉がいっぱい起きる！「褒め言葉」ブック．大和出版，2008.

本間正人，ほか．褒め言葉ハンドブック——やる気を引き出す！．PHP 研究所，2007.

本間正人，ほか．身近な人間関係が深まる！褒め言葉ハンドブック　家族・プライベート，編．PHP 研究所，2008.

② 金田一春彦．日本語を反省してみませんか．角川書店，2002.

第12章　反対意見表明のストラテジー

❖反対意見表明は、相手と自分の人間関係、話の内容、話の行われている状況などの要素によって、日本も中国も言葉の使い方が変わってくる。

❖日本人も中国人も反対意見を素直に伝えることがあるが、「○○さんの意見に反対です」という明示的言い方は、日本語より中国語のほうが多く使われている。中国では、会社での上司と部下といった上下関係が日本ほど厳しくないと思われる。

❖日本語も中国語も相手の気分をできるだけ害さないようにするために、すぐさま反対意見を述べるのではなく、相手の意見を一部認めてみせるなどの前置きを述べることが多い。

❖文末表現では中日の差が大きい。

第12章　陈述反对意见策略

❖陈述反对意见时，中日两国在语言表达方式上，受谈话双方的关系、谈话内容以及谈话场景等要素的影响而有所变化。

❖虽然中国人与日本人都有可能坦率地表达自己的反对意见，但像“我反对某某的意见”这种明确的表达方法，汉语比日语更为常见。究其原因可能是，在中国企业里，上司与下属之间的上下关系并没有像日本那么严明的缘故。

❖在汉语与日语中为了尽可能不破坏对方的情绪，经常会在表达反对意见之前，首先对对方的部分意见表示认可。

❖在句末的表达上，中日有很大的差异。

反対あるいは反論とは、ある意見などに対して逆らうこと、否定的であること、また、相手の議論・非難に対して言い返すことである。反対意見表明とは、話し手がほかの会話参加者に対して、不賛成や非難、反論、挑戦などの否定的評価を表明する際に用いる実質的な発話を指す[①]。反対意見を伝えるのは、日本語においても中国語においても、フェイスを傷つける恐れがある。こういう場合、フェイス脅威の行動を避けたり、最小限にしたりする手段を用いることになる。

Leech(1983)の理論である丁寧さの原則の中で、聞き手と話し手の不一致、反感を最小限にせよという「合意の格率」「共感の格率」があって、対人コミュニケーションの場合は相手に発言をする時に、相手の意見や主張に一致した発言をしなければ不快感を与えてしまうということになったので、いろいろなストラテジーを使うようになる。

Levinson (1983, 安田・奥田訳 1990) [②]によると、日常会話では、反対意見表明が「好ましくない応答」として、「遅れ」や「前置き」といった特徴を持つということである。また、「低コンテキスト文化」と「高コンテキスト文化」の違いもある。意見が異なる場合、低コンテキスト文化（アメリカなど）の人がより自己フェイスを保つ傾向があり、支配的で、問題解決指向の方法をより多く用いる。それに対し、高コンテキスト文化（アジアなど）の人がより他者のフェイスを保ち、婉曲的で、回避指向の方法を用いる傾向があるという。

日本語の反対意見表明という言語行動については、藤原 (1983) [③]は、「○○さんの意見に賛成です」と言いやすいが、「○○さんに反対です」または「○○さんの意見に反対です」は、実際の観察の中では「反対」という語は見られなかったと指摘した。

薄井 (2005) [④]は、日本の「国会会議録検索システム」を使用し、国会における反対意見表明の構造を分析した。国会における反対意見表明の構造は、「反対」という明確な表現を用いず、間接的表現あるいは緩和表現を用いるような日常会話の反対意見表明と異なり、発言の冒頭で「反対である」ことを明示するスタイルだという結果であった。

また、同氏 (2007) [⑤]は、新聞投稿文における反対意見表明をも分析した。朝日新聞の「声欄」を対象に分析した結果、「反論・反対・異論」などの語彙を使用した明示的な表現を避けているという。

王（2007）[6]は、『男性の言葉・職場編』『女性の言葉・職場編』および「しゃべり場」という番組の録音データを利用して日本人の不同意表明の仕方を分析した。その結果では、話し手と聞き手の力関係（上下関係）と社会的距離（親疎関係）の差が大きければ大きいほど不同意を表明しにくくなる。さらに、インフォーマルな場面より、フォーマルな場面において、不同意を表明しにくいという傾向があった。表明しにくい場面においては、日本人は尊敬語、婉曲な言い方などをよく使って、相手のメンツを潰す危険性を最小限にとどめるようにいろいろ工夫していることが観察された。

趙（2004）[7]は、小説の中の例によって、中日の反論の仕方を比べた。日本語のそれに使われるマーカー（前置き言葉）は中国より多いという結果であった。

これまでの研究では、日本人と中国の大陸の人の反対意見表明実態比較対照の研究はまだ少ない。反対意見表明のどんな場合でも、中日両言語には、それぞれの述べ方があるのではないかと筆者が想定し、アンケート調査を実施した。

本章においては、まず、日本語の教育現場や日本のマナーに関する本における反対意見表明のストラテジーを紹介したうえに、アンケート調査による結果を踏まえ、中日両言語の比較対照を試みた。日本語の教育現場や日本のマナーに関する本に示される反対意見表明の規範は、調査などから得られた実際の規範意識とずれがあることが分った。

1. 日本語の反対意見表明の常套のストラテジー

日本社会は、お互いの立場やメンツを重んじる社会である。「和」を大切する日本社会では、他人との衝突を避けたがる。ゆえに、暫定的でも、お互い納得する言い方をすることが大事だという。

このお互い納得する言い方はいったい何であろうか。日本語教育関係の資料や日本のマナーに関連する本[8]などを調べたら、丁寧に反対意見を述べる常套のストラテジーを教えられた。まとめてみると、次のとおりである。

(1) 常套の前置き言葉

相手に反対意見を述べる時、全面否定をせず、前置きをおいて、相手の意見を一旦は認めたうえで、自分の意見を述べるように教えられている。つまり、反論する前に、まずは前置き言葉あるいはマーカーを使うストラテジーである。

よく使われる常套の前置き言葉は次のようにまとめられている。

インフォーマルな場合は、

・それはそうだけど、…

・分るよ。でも…

フォーマルな場合は、

・確かに～かもしれませんが、なるほど…しかし、…

・おっしゃることは分りますが、

・～ということについて賛成ですが、…については賛成できません。

・必ずしもそうとは限らないと思います。

・〇〇さんの意見もいいと思うのですが、…

・そういう考え方もあるとは思いますが、…

・そうですね。しかしながら、一方では、…

(2) 文末表現の遠まわしの言い方

文末表現においても、決まった表現の仕方があると教えられている。すなわち、文末表現を遠まわしに言うストラテジーである。具体的に次のとおりである。

① 提案（「～たらいかがでしょうか」）

② 婉曲な勧告（「～方がいいのではないでしょうか」）

③ 対案（「それもいいですが、～という案もどうでしょうか」）。

つまり、別の見方もあることを示唆する言い回しをする。いずれにしても「～は～でしょうか」というやわらかい口調で終わる。

(3) 会話の流れ

反対意見表明の会話の流れにも決まったルールが見られる。会話の流れとして、三つのステップを踏んで反対意見を表明するものである。すなわち、「相手の話を受けて言い始める」「反対理由を言う」「提案する」という三つのステップである。具体的に次のとおりである。

① まず前置きして、自分の意見を述べることである。相手のプライドを

傷つけないようにしたり、丁寧に反対意見を言ったりするために前置きの言葉を使う。例えば、「恐れ入りますが」「おっしゃることは分りますが」。

② 反対意見と反対理由を述べる。このステップでは自分の意見の根拠を語る。

③ 反対した後に「～たほうがよろしいのではないでしょうか」などと、代案を出すようにする。

また、提案する時にもストラテジーがある。つまり日本人が相手に自分の意見を述べたり何かを提案する時、一番有効なのは「相手に悟らせる」という。どちらが正しいかを論争するのではなく、「どちらが得か、どちらが有効か」を説得したほうがいいという。このパターンはとくに上司に反対意見を表明する場合に使われている。

上記のパターンをうまく使われば、衝突を避けてコミュニケーションをうまく進めるかもしれない。しかし、反対意見表明はいろいろな要素に関わっている。実際のコミュニケーションは一つのパターンしかないということはありえないということを想定し、アンケート調査によって反対意見表明の実態を明らかにしてみたい。

2. 調査から見る反対意見表明

筆者が自由記述式談話完成テストで構成されたアンケート用紙を作成した。回答者には、設定された場面で自分が言うだろうと思う言葉をそのまま書くように指示した。

アンケート用紙は中国語版と日本語版を作成し、調査対象者にはそれぞれの母語で回答してもらった。調査対象者は日本人は 96 人、中国人は 126 人であった。

設定場面は上司に対する反対意見の表明と、友達に対する反対意見表明である。具体的な調査内容は次のとおりである。

① 営業部の会議で

部長：今回の新しいプロジェクトの件なんだが、入社して 2 年以内の社員をメンバーからはずそうと思っているんだが、どうだろうか。

社員＝あなた：（反対意見を言ってください）

② 友人同士が話している。

友人：ファーストフードは高カロリーで塩分や脂肪分が多く、子どものころから食べさせるのはよくないわよね。

あなた：（反対意見を言ってください）

(1) 不同意表明のスタイル

薄井（2007）は、新聞投稿文に意見表明のスタイルを六つ分けている。

① 明示型：～に反論したい・～には反対だ・～に異論があります。

② 指摘型：～は事実誤認である・～は正当性にかける・誤解に満ちている。

③ 感覚型：～には納得いかない・～にはうなずけません・～が気にかかりました。

④ 一言型：～に一言・わたしの意見を述べたい。

⑤ 疑問型：そうでしょうか・いかがなものでしょうか。

⑥ 理解型：気持ちはわからなくはありません。しかし…・確かに…、しかし…。

また、黄（2004）は、大まかに「対処法」および「配慮」の二つのカテゴリーに分けられる。

「対処法」のカテゴリーにはまた項目を六つに分けた。

① 相手の意見を批判する。

② 自分の意見を述べるが、相手の意見を批判しない。

③ 相手の意見に同意できないにもかかわらず、自分の意見を述べない。

④ 相手を説得する。

⑤ 相手の意見に従う / 相手と同意見であるふりをする。

⑥ 相手と徹底的に話し合う / 話題を変える。

「配慮」のカテゴリーにはさらに三つの項目に分けられた。

① 自分の意見を明白に相手に伝えようとする。

② 相手の気持ちを傷つけないようにする。

③ 相手からマイナスな評価をされないようにする。

また、平野（2006）は反対意見表明の方略の型を四つに分類した。

① 否定型：相手の見解に対し明示的に否定・反対する。

② 指摘型：立場が対立するような意見や情報を提供する。

③ 発言要求型：相手に情報や意見を求めることにより、暗に反対の意図

を示す。

④ 共感期待型：論題と関係ない情報や自分の感想を述べることで相手からの共感を期待する。

実際、反対意見表明の場面設定によって、意見表明の型も異なってくる。先行研究を参考にしながら、上記アンケートの回答をまとめると、次の四つの型に分けられる。

表1　不同意表明のスタイル

スタイル	特徴	回答例
意見主張型	相手の意見に対し、はっきりと否定・反対する言葉がなくて、自分の意見を表明することにより、暗に反対の意図を示す。「～はずだ・～だと思います・～べきだ」などを多用する。	日本人：「先入観にとらわれない斬新なアイディアをとりいれるには、メンバーに入れることもご検討してみる価値はあると思います。」 中国人：“我认为这个新项目只有做出新意，才有竞争力，所以在这一点上，是否考虑一下吸收一些经验相对并不丰富的新人的意见？”
反対明示型	相手の意見に対して、「～に反対です・～はおかしくないですか。」のようにはっきりと否定・反対する言葉がある。	日本人：「部長！わたしは部長の意見に反対です。新人の社員のアイデアも大切だと考えるからです。」 中国人：“部长，您的意见有些不太合理。任职2年以内的员工也会有新的想法、新鲜的主见。”
反対柔軟型	「確かに～ですが」のような前置き言葉を言ってから自分の意見を表明する。	日本人：「部長のおっしゃることは分りますが、若い人の新鮮な意見というのも有益な場合がありますし、ためしに入れてみるのはいかがでしょうか。」 中国人：“我知道这次新项目对公司来讲很重要，公司的决定也有公司的理由，但我认为任职2年以内的员工虽经验不足，但也希望能为公司做贡献，也希望在这个项目中能发挥自己的能力，所以还希望公司能重新考虑。”

（续表）

スタイル	特徴	回答例
意向確認型	「～のはどうしてでしょうか。」のように相手の発話を正確に理解するために確認を求める。	日本人：「あの、2年以内というのにはどういう理由があるのでしょうか。新入社員の勉強にもなりますし、こちらも新鮮な意見をもらえていいと思うのですが…」 中国人："您能给我们一个理由吗？我认为个人能力与任职长短并不存在什么必然联系。当然我不反对经验需要长时间的积累，但创新更重要不是吗？"

(2) 上司への反対意見表明

日本語では、意見主張型がもっとも多く見られる。その次が意向確認型である。反対明示型が一番少ない。日本語教育の現場や日本のマナーの本に勧めている反対柔軟型も多く使われないということが分かった（図1を参照）。

意見主張型では、「はずだ」「べきだ」「だと思う」という言い回しが一番多い。例えば、「新人の意見も尊重すべき」「若い人を積極的に使えばよいと思います」。やわらかい語調での答えもあるが、意見主張がはっきりしている。例えば、「入社して2年以内の社員にも十分優秀でやる気のある社員もいます。その中から選抜してはどうでしょうか。」そして、はっきりした男女差が見られない。女性と男性は同じような立場や態度で上司へ反対意見表明することの表れであろう。

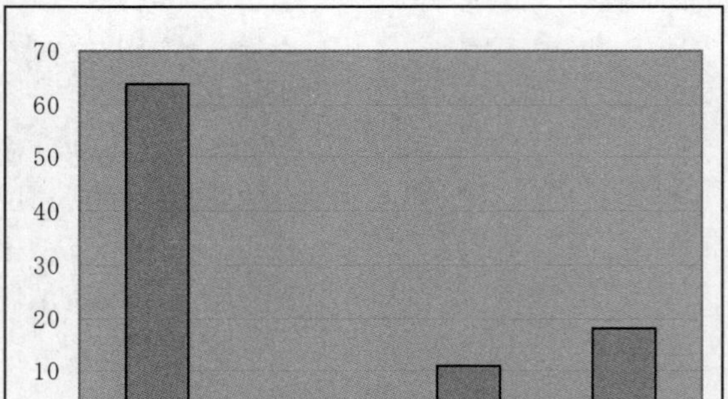

図1　日本人が上司への反対意見表明のストラテジー

なぜ、日本語の教育現場や日本のマナーの本が勧めたストラテジーが多く使われていないのであろうか。この場合、決定を下すにあたっては討論がなされるであろうため、反対意見を述べても上司の個人の感情を傷つける可能性は比較的少なかろうかと考えられる。

しかし、どのような状況であっても、不同意表現をするにあたってはそれなりの工夫は必要である。自分の意見を表明することにより、暗に反対の意図を示している。

一方、中国語の場合はどうであろうか。

中国の場合も、上司に対して反対意見表明をする時、意見主張型が一番多く使われている。その次は反対柔軟型である。反対明示型は、意向確認型より多く見られる。例えば、「您的意见有些不太合理。」（あなたの意見はちょっと不合理です。）、「部长，我私人认为您这个决定有失公允。」（部長、この決定は平等さに欠いている。）、「部长，我不同意您的想法。」（部長、部長の考え方に賛成できません。）、「部长，同事们，我觉得这是对新员工的一种偏见。」（部長、みなさん、これは新人への偏見だと思います。）のように直接に相手の意見を否定する言い方が見られる。これに似た言い方は日本語には 2 例しか見られない（図 2 を参照）

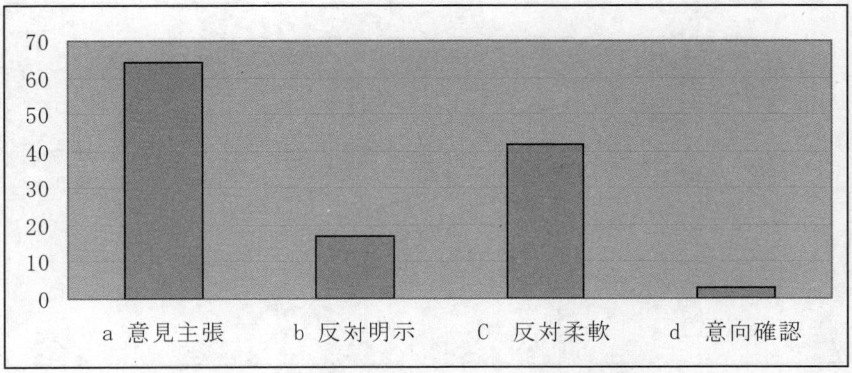

図 2　中国人が上司への反対意見表明のストラテジー

中国語では意向確認型が一番少ない。これは日本語側と対照的になる。

また、意見主張型の中では、「部长，我对这次新项目很感兴趣。」（部長、私は今回の新しいプロジェクトに非常に興味を持っています。）のように他人の紹介を介さず、自薦して仕事を担当したいという言い方も見られる。

中国人は自己主張が強いという一面の表れであろうか。

(3) 友人への反対意見表明

友人への反対意見表明の場合、ストラテジーが上司反対の場合と異なっている。意向確認というストラテジーが一例も見られない。子どもにファーストフードを食べさせるのはあまりよくないことは共通の認識のためであろうか。主に次のようなストラテジーが使われている。

①意見主張型：日本人：「たまにならいいと思う」；中国人：「应该满足孩子的渴望，小孩子身体适应快。」（子どもの望みに満足すべきだ。子どもの体がそれに早く適しますから。）

②反対柔軟型：日本人：「確かによくないわよね。でも、少しならいいんじゃない？」；中国人：“快餐确实不是很好，但偶尔吃几次还是可以的。”（ファーストフードは確かによくないわね。でもたまにならいいと思う。）

③無回答：反対意見がないという回答である。

また、日本人の場合は、男女差が大きい。女性は反対柔軟型が多く使われるのに対し、男性は意見主張型に多く使わている。子どもの食べ物について、日本の男性のほうが日本の女性より大目に見ているようである（図3を参照）。

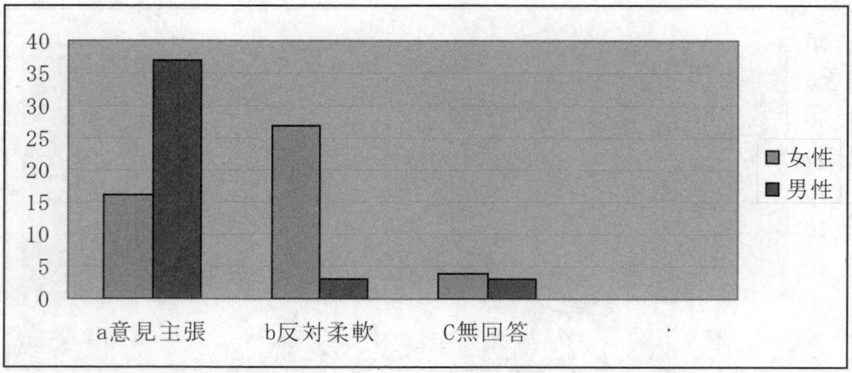

図3　日本人が友人への反対意見表明のストラテジー

女性が「確かによくないわよね。でも…」「そうだよね。でも…」というパターンが多く使われている。親友に反対意見を述べる時に、丁寧な言い方を目上にによりも取っているようであるが、実は、ここに出た前置き言葉の機能は、日本語の教育現場に教えられた前置き言葉の機能と異なっていると思われる。ここでは、相手のメンツを保つためのものとか丁寧さのためとかではなく、聞き手が真に相手の話に賛成だという実質的な意味が含まれていると考えられる。

どんなストラテジーを使うか、力関係や親疎関係によるだけではなく、話の内容にも大いに影響されている。

中国人の場合は、友人への反対意見表明は、図4のとおり日本人と同じような傾向が見られる。ただ、中国人には、はっきりした性差が見られない。

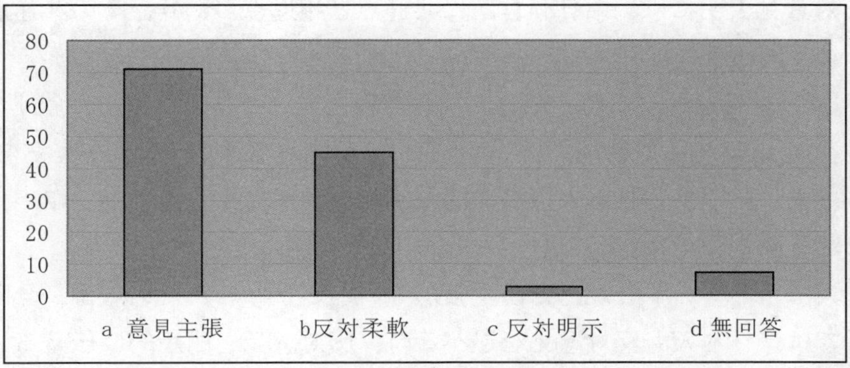

図4　中国人が友人への反対意見表明のストラテジー

反対の理由としては、日本人にも中国人にも共通するものが見られる。

・手軽で主婦にはありがたい。（時間短縮）

・子どもはカロリーが高いものも必要。

・おいしいし、子どもが喜ぶ。

・すべてのファーストフードが高カロリーではない。

もちろん、中日間の反対理由に異なるものも見られる。日本人の中では、「でも安いよ。」「値段が手ごろだからいいよね。」というような回答が中国人の回答には見られない。なぜなら、これは、中国ではファーストフードは値段の高いほうにあるからである。ここからいささか国情の違いを窺った。

また、日本国立国語研究所（2005）[⑨]は、親しい間柄の人同士や、目下の人に対して異を唱える時には、言葉では明確に反対であることを述べつつも、それを冗談めかしていうことがある。これは、意見の対立を笑いで覆い隠し、深刻なものではないことを相手に示すものであると指摘した。まさにそのとおりである。今回の調査では、冗談っぽい口調の回答も見られる。例えば、日本語側の「やせているのがコンプレックスなので簡単に太れる食べ物だから勧められる。」、中国語側の「是吗，我们家就爱天天吃快餐。一天吃两顿，干活也快，做啥都快，连上楼都快，不信你也试试。」（そうね。うちはファーストフードがすきだよ、毎日食べてるのよ。一日二食で、仕事も何をやっても効率的だよ。階段も早く登れるよ。信じられなければ食べてみてよ。）

(4) 反対意見表明の中日対照

反対意見表明には、中日両言語に共通点と相違点があり、その共通点は次のように挙げられる。

① 反対意見を述べる時、部分的同意表現を述べたり、口調を和らげる語句を用いたりするのは中日両言語にも見られるストラテジーである。

一般的にいうと、日本人は表面的な調和を大切にするためか、相手の発言にはっきりと反対することを好まない傾向があると思われている。一方、中国人はストレートとか、自己主張が強いとかといわれているが、今回の調査では、日本人も反対意見を述べる時、反対意見を明示的に伝えることもできるということが分かった。中国語も、相手の気分をできるだけ害しないようにするには、すぐさま反対を述べるのではなく、相手の意見を一部に認めて見せるなどの前置きを使って、相手の意見も尊重しているという言い方も多く見られる。中国社会は、日本ほどではないにしても縦の人間関係は厳として存在する。

② 前置き言葉の使用

日本語も中国語も若干異なっているが、前置き言葉を使うように工夫されている。今回の調査では、それぞれ次のような前置きのパターンが見られる。表2のとおりである。

表 2　中日両言語に使用されている前置き言葉のパターン

前置きの型	日本語の例	中国語の例
自己批判	お言葉を返すようですが お言葉ですが （「お言葉ですが」は「お言葉を返すようですが」の省略形である。相手の意見に異議を唱えることである。会社の上司の意見に反対の立場なので、「お言葉ですが」という言葉を冒頭に入れれば、婉曲に反対の意見が言え、相手の立場も傷付けないことになる。）	我冒昧地说一下自己的意见
相手の感情を受け入れる	部長のおっしゃることは分りますが	我知道这次新项目对公司来讲很重要
相手を立てる	経験値の低い社員をメンバーからはずすのは確かに効率ですが	部长考虑问题十分稳妥
謙遜	回答例なし	部长，请允许说一点儿不成熟的意见
あいさつ	すみませんが	部长好

そして、相違点が次のように挙げられる。

① 文末表現では中日の差が大きい。

日本語では、疑問形で問いかける文がよく見られる。

そのほかに、「…と思うのですが」「新しいメンバーからも意見を聞いたほうがよい案が出るのでは」というように不完全な文で文を終わるのが多い。文末を不完全な文で終わるのがやわらかく聞こえる。

中国語では、「我看小张可以起用，他对这次新项目非常感兴趣，而且他的专业就学的这个。」のようにほとんど肯定的に自分の意見を述べるのである。

② 目上の意見を直接に否定するのは日本語は中国語ほどではない。

目上にの場合、「部长，我私人认为您这个决定有失公允。」「部长，我不同意您的想法。」「我觉得这对新职员不公平。」のようにいきなり相手に不賛成を表わす言い方は中国語側では11％ほどを占めているのに対し、日本語の場合は、「わたしは部長の意見に反対です。」「それはおかしいと思います。」の2例しかない。それに、この2例とも在役の学生による回答である。

中国では、会社での上司と部下といった上下関係が日本ほど厳しくないと思われる。

③ 中国人の発話量が日本人より多い。

多民族融合の文化の人間は、単一民族の人間より議論を好むのであろうか。高コンテクストな背景に基づいた日本的なコミュニケーションは、「察しの文化」として、言葉の役割を制限される。一方、中国は多民族で、生活や価値も多様化し、言葉を思う存分にいう習慣になっている。日本語と中国語の回答例をそれぞれ一つずつ表3に挙げよう。

表3　調査対象者からの回答例

相手	日本の例	中国の例
目上に	「お言葉ですが、若手社員の発想力もすばらしいものなのでぜひ取り入れたほうがよろしいかと。何より、これからのわが社を支えていく人材なので、このプロジェクトは経験を積むよい機会かと存じます。いかがでしょうか。」	“部长，请允许我谈谈我的想法，您考虑到任职2年以内职员工作经验不足影响项目成功，这一点我可以理解，但凡事都要一分为二地看待，新职员在公司内待的时间不长，受陈规旧制的约束小，他们有新思想、有干劲、有热情，这次新项目需要注入新鲜血液，我相信他们的积极活动会对这次项目产生重大作用和影响，以上是我的意见。”
友人に	「確かにそうでしょう。しかし、たまにはいいじゃないですか。毎日食べるのは反対ですが、時にはハンバーガーを食べてもそれで体を悪くすることはないでしょう。わたしの子どもはフライドポテトも好きです。毎日は食べませんが時々食べます。食べたいものを制限してストレスをためるよりいいんじゃないですか。」	“确实让孩子多吃快餐是不好，可快餐食品，对他们来说是个新奇的东西，孩子之间的交谈中肯定会说到什么‘啊，你觉得肯德基怎样啊？’‘我妈妈今天又带我去吃麦当劳了，真开心。’这样，有节制地让孩子吃这些食品，既能让他们开心，又能让他们的生活更多彩，对他们健康成长也是很有好处的。”

一見して、日本語も発話が多いようであるが、実際、中国語側の回答では、長い発話の回答がありふれたものである。それに対し、日本語では上記のような例は、稀な例にすぎない。

国際化が進んでいる時代の中で、日本語も中国語もそのコミュニケーションのスタイルが変わっている。日本人はますます自分を主張することを求められるようになるのに対し、中国人は周囲に気を配るようなコミュニケーションが求められるようになるのであろう。

また、反対意見表明のストラテジーは、ああだこうだとは一概にいえない。相手と自分の人間関係、話の内容、話が行われている状況というようないくつの要素に左右されている。

相手との人間関係に距離があればあるほど気を遣った表現をするのであろうか。また、話の内容は相手に関係しているか否かによって言葉が変わってくる。反対意見表明をするにあたって、話がどういう状況で行われているかということにも左右されている。前述の先行研究の例であるが、日本の国会における反対意見表明の場合は、発言の冒頭で「反対である」ことを明示するスタイルだという構造であった。

このほかに、企業の企画会議などにおいては、決定を下すにあたっては討論がなされる状況なら、反対意見を述べても個人の感情を害する可能性は比較的少なかろう。

どのような状況であっても、不同意表現をするにあたってはそれなりの工夫は必要である。

また、日本のマナーに関する本に示される反対意見表明の規範は、調査などから得られた実際の規範意識とずれがあることが分った。

増田(2008)[⑩]は、マナーに関する本は数ある「決まり」の中から取捨選択し、受け入れられ、共感・支持を受けるトピックと内容をとり挙げる必要がある、一方で、マナーの本は規範を作り上げる役割を担っていると述べている。

日本で毎年数多く出版されるマナーに関する本は、人々に言語行動の規範を教える。しかしながら、すべての人が規範をそのまま実行するとは限らない。マナーに関する本の決めた規範は実際の規範意識とずれがあるのも当然なことだと思われる。

これからの日本語教育は、規範、規範意識ばかりでなく、実際の言語行動を多方面に日本語学習者に提出すべきだと考えられる。

3. 調査から生の日本語の反対意見表明のストラテジーを学ぼう（回答抜粋）

下記は、中国人の日本語学習者が参考になればと思い、アンケート調査の回答から抜粋したものである。日常生活上では日本人の生の反対意見表明のストラテジーを学ぼう。

上司への反対意見表明の回答の例

男性	女性
・若い社員には経験をつませるべきだと思います。 ・自分もプロジェクトに参加したいです。自信あります。いや、自信しかありません。 ・若者の視点から物事を見ることも必要だと思う。 ・入社して3年の人が2年の人より優れた案を出す保証がどこにあるのか。 ・今、この時代で生き残るには若い力が必要です。 ・新人にも経験させたほうがいいと思うので少しだけ新人も入れてください。 ・はずした社員の中からプロジェクトの向上につながる意見が出ないとも限りません。プロジェクトは会社全体の問題なので全員でとりかかりましょう。 ・それでは若さが足りない。 ・部長、今回のプロジェクトには○○○○なので2年以内のメンバーも加えるべきだとわたしは考えます。ほかの社員の方々の意見も聞いてみてはいかがでしょうか。 ・そのプロジェクトを実行して、ほんとうにこの先やっていけるかどうかわたしは疑問を抱かざるを得ません。 ・確かに新人はまだ情報とかにうといですが、新しい世代の考えや意見って聞くだけでも違いますよ。	・2年以内の社員でも優秀なのはたくさんいるのに、はずすのはおかしくないですか。 ・若い人もプロジェクトに参加させていろんな経験をさせてみるべきだと思います。 ・部長！わたしは部長の意見に反対です。新人の社員のアイデアも大切だと考えるからです。 ・ちょっと待ってください！新人の人なりに頑張っているので、もう少し様子を見てみてはどうでしょうか？ ・それはおかしいと思います。2年以内というところで線を引くのは意味があることだと思えませんし、逆に、さまざまな世代の意見を聞き、取り入れることで、よりよいプロジェクトになると思います。入社2年以内でも、それ以上でも社員は社員です。 ・先入観にとらわれない斬新なアイディアをとりいれるには、メンバーに入れることもご検討してみる価値はあると思います。 ・2年以内だという理由でメンバーからはずすのはどうでしょうか…？ ・入社して何年だということよりも、能力で判断したほうがよいのではないでしょう。

（续表）

男性	女性
・若い社員の斬新な考えが営業成績の向上に必ずつながります。ぜひ若い社員も本プロジェクトに加えるべきです。 ・若い人や会社にまだ染まっていない人の意見も入れたほうがバランスのとれたいいプロジェクトになると思うので、はずさないほうがいいと思います。 ・新しい社員のフレッシュな意見にも耳を傾けるべきだと思います。 ・個々で違った長所があるので、勤務年数は関係ない。 ・若い社員には経験をすることが大切ですよ。若い人の意見も必要ですよ。若手でしかできない仕事の分野もありますよ。 ・どういう社員かにもよるから一概に言えない。 ・入社２年ながらいろいろアイデアを提供したので、メンバーとして継続させたほうがよいでしょう。 ・いろいろなメンバーで議論し、多角的に考えたほうがよいものができる。 ・何か不都合でも起きたんですか。 ・確かに入社して2年以内の社員ですが、どんどん経験をつませて、いろんな仕事に挑戦しないと成長しないと思います。 ・みんな、優秀な人材ばかりなので社員を減らす必要がない。 ・具体的な名と実績をあげて、2年以内の社員を加えさせようと試みる。反応がいまいちならさっとあきらめる。	・少数の若手を入れて経験を積ませましょう。 ・ボトムアップをすることが将来の利益をうみます。 ・手が回らなくなって、雑な仕事になるのでは。 ・それはなぜそう思われるのか理由をお聞かせ願えませんか。彼らはよく頑張っていますし、貴重な戦力になりうるのですが… ・通常でしたら、2年目ではムリと思いますが、一律はずすのではなく、これまでの実績を判断材料にする価値もあるかもしれない。 ・2年以内の社員をはずすというのはどうしてでしょうか。その中には力のある方もいます。方針について、お話いただけませんか。 ・入社2年以内の社員をはずす理由をお聞かせください。経験不足は否めませんが、発想の斬新性はあると思います。これは成功に導く重要な要素でもあると思いますので、わたしは反対します。 ・2年では仕事への意欲も認識も少ないのに優劣をつけるのは採用の時の心を傷つけています。（人間尊重の心に反します） ・決めないで新しいプロジェクトにむいている人を全体から選べばよい。 ・フレッシュな意見が期待できるので、ぜひ加えてください。メンバーに参加させることでやる気も出てくるし、全員は無理でも「チーム若手」の意見をまとめさせて代表を参加させてもいいんじゃないですか！若手は部活のノリで面白い案を出してきますよ。

友人への反対意見表明の回答の例

男性	女性
・小さい時からいろいろなものにふれるのはよいこと。 ・でも安いよ。 ・でも楽だよ。 ・まあ、ある程度はいろいろなものを食べさせてあげたほうがいいな。うん。おいしいし、子どもだってたぶんすきだろうし。 ・何事もほどほどなら平気だと思う。 ・食べたいものを食べさせてあげるのが子どものため。 ・でもお金は安くてすむよ。 ・でも手軽に食べれていいよね。 ・毎日食べなければ大丈夫だと思うよ。 ・おいしければよいよ。 ・子どもなんだから好きなものぐらい食べさせてあげては？ ・栄養バランスが悪くなるからいろいろ併せて食べていったほうがいい。 ・小さいうちに食べておかないと大きくならない。 ・月一回ぐらいは食べてもいい。 ・子どもにはすきなように食べさせてあげましょう。 ・時間などない時は仕方ないのではないか。 ・要はバランスが大切よ。たまにはいいんじゃない？ ・いろいろな食を経験させておくべきだ。 ・でも友人同士で気になる店にいけるのはいいよね。 ・毎日だとよくないかもしれないけど、たまにはいいんじゃない？ ・でもそれをしらずに大人になった時、付き合いが悪いとか、食わずきらいの原点にもなるぞ。	・子どものころからそんなのいってたら大きくならないよ。 ・値段が手ごろだからいいよね。 ・確かによくないわよね。でも、少しならいいんじゃない？ ・でも、最近朝からでもお店やってるじゃん。朝ごはん食べないって子どもも多いから食べないよりは高カロリーでも食べたほうがよいんじゃない？ ・ファーストフードにもカロリーの低いヘルシーなものもあるよ。カロリーとか気になるならそういうヘルシーなものを選んで食べさせたらいいんじゃない？ ・最近はそうとも限らないみたいだよ。低カロリーでヘルシーで安全な食材のメニューも増えてきてるし、選ぶ側の意識も大事だね。 ・確かにそのとおりよね。けれど、子どもってファーストフードが好きなのよね。おいしいし手軽だしね。だから、たまにはいいんじゃないかしら。頻繁に食べさせないように気をつけていれば。 ・確かに。でもまあ、たまにはそういうジャンクな味にふれる楽しみがあってもいいじゃない？ ・確かに過剰摂取はよくないけれど、こうやって友人同士で親に内緒で食べにいくなんていうのも楽しいだろうから。少しはいいんじゃないかな。無理に抑えるのもかわいそうだよ。 ・そうね…それはそうだけど。でも身体に悪いものっておいしいのよね。だから子どもたちが食べたがるのも無理ないわよ。わたしだって時々、無性に食べたくなるもの。食べすぎはよくないけどたまにだったらいいんじゃない？

（续表）

男性	女性
・やせているのがコンプレックスなので簡単に太れる食べ物だから勧められる。 ・成長期だからいいのでは。 ・たまに食べる分にはいいと思う。店によってはおいしいし安いから。 ・わたしもそう思うけど、つい食べてしまうんだよね。 ・他の子どもたちもたくさんいるので、仲良くなるためには仕方ありません。 ・毎日食べるわけではないので、それほど気にしなくてもよい。 ・共働きの家が多いからしかたないのでは。何も食べさせないよりはまあマシかなあ。 ・全体的なバランスを保ち、適度な運動もすれば大丈夫。 ・片寄った栄養食だけでなく、時にはファーストフードを食べバランスよくとることも必要ですよ。 ・偏食にならなければいいでしょう。 ・腹８分目で食事をすればよい。	・私自身はよくないと思うけど、完全に排除するのは難しいかもね。 ・でも、時間的には料理をする余裕がない時は便利です。 ・そうね。でも急いでいる時や、軽くすませたい時、手軽だし、たまには、いいと思うわ。 ・たまにファーストフードを食べるのは子どもたちも楽しめたり、てぬきもできるしいいんじゃない。 ・そうね。でもファーストフードって手軽だし､味もまあまあなので､つい食べちゃうのよね。でも､子どもにはなるべく食べさせないほうがいいとわたしも思うわ。 ・量によります。家族と同じ内容の食事とまた取り合わせの野菜、果物に配慮するにしよう。 ・もちろんよくないけれど、たまたま遊園地など出先で仕方なく食べさせる場合もありお家のものばかりでなくこういう味もあると知ることも子どもには必要なことだと思います。

観察・思考・分析をしてみよう

1. 日常生活では、反対意見を言わなければならない場面は、つぎのように数多くある。

✪議論で反対意見を伝えるとき

✪仕事場で、上司の意見に賛成できないとき

✪自分と違う意見の友人に反対意見をいうときなど。できれば、これらの場面がある中日のテレビドラマを観察して、中日間の反対意見のストラテジーの相違を分析しなさい。

2. 反対意見を伝えるとき、日本語の文末にどんな特徴があるか。
3. 次の話題について日本語で意見交換しなさい。

✪国際結婚に賛成か。

✪少年犯罪の原因は家庭にあるという意見に同意するか。

✪大学では学問そのものが重視されるべきか、就職の準備教育が重視されるべきか。

注釈

① 平野美恵子．多文化共生指向の日本語教育実習生による反対意見表明の変化．WEB版リテラシーズ．第3巻1号．くろしお，2006.

② S.C. レヴィンソン．安井稔，奥田夏子，訳．英語語用論．研究社，1990.

③ 藤原雅憲．賛成・反対・主張．話し言葉の表現　講座日本語の表現（3）．筑摩書房，1983.

④ 薄井良子．国会における反対意見表明の構造．社会言語科学会　第15回大会　発表論文集．社会言語科学会事務局，2005.

⑤ 薄井良子．新聞投稿文における反対意見表明——先行投稿文との関連から．社会言語科学会第19回大会発表論文集．社会言語科学会事務局，2007.

⑥ 王萌．日本人の不同意表明の仕方．社会言語科学会　第20回大会発表論文集．社会言語科学会事務局，2007.

⑦ 趙華敏．中日両言語の反論という言語行為に関する対照研究．日本语言文化研究第5辑．北京大学日本文化研究所．北京大学日本语言文化系，编．学苑出版社，2004.

⑧ 佐々木正洋．ちょっとしたコツでだれでも「上手な話し方」が見につく．実業之日本社，2002.

中川昌彦．自分の意見がはっきり言える本．PHP文庫，2003.

樋口裕一．たった一分でできると思わせる話し方．幻冬社，2004.

樋口裕一．頭がいい人が武器にする一分で話をまとめる技術．青春出版社，2006.

⑨ 国立国語研究所．新「言葉」シリーズ18　伝え合いの言葉，2005.

⑩ 増田祥子．言葉遣いに関するマナー本にみる言語行動規範．社会言語科学会第21回大会発表論文集．社会言語科学会，2008.

第13章　値切り交渉のストラテジー

❖日本と中国は値切りの文化が異なっている。しかも、値切り交渉のストラテジーも異なっている。

❖日本では値切るなら、定価の1割か2割程度で、中国では売値に対して場合によっては5割以上もまけさせるということもありうる。中国人は買い手が言い値を言って値切る場合があるが、日本人は買い手があまり言い値を言わない。

❖値切るかどうかは日本では地域差がある。関西（大阪）の人は値切るのが常識で、関東の人は、値切るのは見苦しいと思う人が多いようである。

第13章　讲价策略

❖中日两国的讲价文化存在着差异，讲价策略有所不同。

❖在日本，讲价可以打个八、九折，在中国，有时甚至会要求让价到原价的一半以上。另外在中国有时会由买家喊价来进行讨价还价，但在日本一般不会出现这种情况。

❖在日本是否可以进行讨价还价存在地域差异。大阪人对讲价习以为常，而在关东地区，讲价多被认为是一种不体面的行为。

「値切る」は日本語では値段を安くさせる、負けさせることを意味し、中国語では「讲价」「砍价」「杀价」などという。値切るという行為はどの国でも見られるが、値切り交渉のストラテジーがまったく同じとはいえない。日本の評論家・タレント竹村（2001）[①]は欧米や中国および日本の値切りビジネス交渉術について次のように述べている。

> 欧米人は、ビジネスの交渉でも自分が十ほど手に入れたいと思ったら、まずは四十や五十の要求をしてみる。それが通れば御の字で、結果的には二十でも満足できるわけだ。
>
> これに対して日本人は、最初から厳しい要求をすると相手に失礼だと考えて、十欲しいと思っても四とか五しか要求しない。これでは十はおろか二十も、ましてや四十や五十を得ることはとてもできない。
>
> ロシアの外交の基本は、まず相手を殴っておいてから、「もう殴らないから感謝しろ」式のやり方をする。ビジネスも同じである。まず相手が絶対呑めない条件を出す。その後に条件を緩めるから、交渉相手は「やさしくなったな」と勘違いして乗ってしまうのだ。
>
> 中国にしても同様だ。彼らの戦術は、殴ることまではしないが、さんざん押しておいてから、「もうやめました」と退いて恩を売る。

真実かステレオタイプか偏見か分らないが、ある程度商習慣の違いを表しているのではないか。いったい日本と中国では、商習慣や値切り交渉のストラテジーがどのように異なっているのかを見てみよう。

1. 日本的な値切り交渉のストラテジー

日本では、スーパーや百貨店ではすべての商品の定価が決められているので原則的には値切りはできない。しかし、町の市場なら値切ることが多くあるようである。また、電機屋街や家電量販店では、値段の高い物を買う時は必ず店員の説明を求め、1 対 1 になることがあるので、このような場合も値切るチャンスになる。家電商品は、メーカが販売店に出す時は、定価を希望価格として提示する場合と、販売店独自に値段を設定出来るオープン価格で出荷する場合とがある。それゆえ、店ごとの値段を比較して値切り交渉することが多いようである。

そうはいっても、日本の社会では、本来、値切りについてマイナス的なイメージに取られやすい。例えば、値切るのは、「貧乏くさい」「恥ずかしい」「厚かましい」「けち臭い」「体裁が悪い」と評価されることが多い。もちろん、地域差もある。大阪では値切るのが当たり前であるが、関東では見栄があるので、値切る行為は見苦しいことだといわれている。値切ったとしてもフリーマーケットや海外での買い物だけだという。特に大阪の奥さんは値切るのが当たり前で、必ず「ちょっと負け時一や」などの会話でだいたいは定価以下で買っているそうである。しかし、それも定価の1割か2割程度のようである。これも大阪が商人の街として栄えた名残であろうか。

Yahoo　Japan は2007年に家電量販店で買い物する時に値切るかどうかについて調査した。その調査結果は次のとおりである[②]。

合計85454票のうち、

値切って、たいてい成功する	38181票	44.7%
値切って、たいてい失敗する	10148票	11.9%
値切らない	21952票	25.7%
値切れない	15173票	17.8%

この結果では、家電販売店で買い物をする時、値切る人は過半数ということを示している。電化製品のように値段が大きい買い物はボッタクリ[③]になりやすいから、値切ったら安くしてくれるのである。家電のほかに値切るのは車など高価な耐久消費材が多い。また、家賃や家も値切ったりすることもできるそうである。

日本人は買い物する時、買い手側から言い値を示すことは少なく、軽く「もう少し値引けますか？」「もう少し負けてくれないか」「お安くなりますか?」と言ってみて、無理なら引き下がる程度の値切りが多いようである。実際、日本では多くの店が客をひきつけるために、最初から最低価格をつけていて、値切ることは難しい。

意識調査としては、「値切る」行為については、賛否両論のようであるが、「値切るのはマナー」という意見もある。実際、日本人の中でも、「値切る」はコミュニケーションの一つでもあって、それを楽しんでいるのではないかと思われる人もいるし、表示価格なんかで、買ったら負けだと思っている人もいる。また、その時の気持ちや状況次第で、値切りたければ値切れば良い、値切りたくなければ、値切らないでそのまま買えば良いと思う人もいる。実際、値切るのは恥ずかしいとか、面倒くさいとか思って値切らない人が結構いるようである。筆者が東京にいたとき、まわりの日本人に聞いてみたら、ほとんど日本では客の方から「もう少し安くして下さい」と値切る事は出来ませんとの回答であった。

つまり、基本的に日本で買物をする時は、客からは値切れない。

しかし、値切る場合はどのように値切るのだろうか。つまり、どんな値切り交渉のストラテジーが使われているのであろうか。やはり上述のYahoo Japanの調査結果を見てみよう。

「成功するにせよ、失敗するにせよ、ともかく値切ってみる人」が57%を占めており、成功例を見てみると「『ほかの店は○○○円でした。』という」「まず『これいくらになります？』と聞く」「複数のものを一度に買うことで値引きしてもらう」などである。

インターネットで日本の一般的な値切りのストラテジーと会話例が書き込まれたものがあるので、中国人の日本語学習者の日本の商習慣への理解の参考になると思われるので、ここで紹介してみよう。

日本人の値切るストラテジーは下記のように挙げられる[④]。

①ほかの店と比較する

会話例

客　：この商品もうちょっと安くなりませんかぁ？

店員：（おっ、この客買いそうだな。）

そうですね。この商品は、もうこれでいっぱいいっぱいなんですよー（余裕）。

客　：でもね、この商品は○○電気で、24,800円で売ってたんですよね。

店員：えっ、本当ですか。（電卓をたたき出す）これでどうです？

客　：○○電気と一緒ですかー。それなら、○○電気はポイントもあるしなぁ…

店員：あ、そそそ、そうですか。うーん…他店より高かったらその分値下げさせてもらいます。

これは客をほかの店に逃がさないという心理を利用し、値下げさせるストラテジーである。

②複数のものをまとめて買うことで値引きさせる

日本では、最近はポイント制度を導入している店が大変多くて、まとめて買うと、ポイントを多く付けたりしてもらうこともある。

下記の会話を見てみよう。

会話例

客　：これもうちょっと安くなりませんかー？

店員：ごめんなさい。これはもうこれが限界なんですよー。

客　：これってポイント10%つくんですよね？

店員：そうですね。20万円ですから、2万円分つけさせてもらってますー。

客　：じゃあ、ポイントもうちょっとつきませんかね？

店員：うーん…じゃあ、あと5%多くつけさせてもらいますー。

客　：おっ、本当ですか！ありがとうございます。

2. 中国的な値切り交渉のストラテジー

中国人は値切って負けてもらうのはみっともない行為だと思わないどころか、「値切りが上手だ」ということを誇りに思うようである。ほかの人も「你真会买东西」（買い物が上手だ）と心から羨ましそうに褒めてあげる。

しかし、どのように値切ったらいいのか、つまり値切りのストラテジーは日本とどのように違っているだろうか。

中国では、値切る時、「拦腰截」（定価の半分負けさせる）という風景をよく見かけるのであろう。

次は中国語の値切りの会話である。

会話例

砍价

A: 衬衫怎么卖?

B: 22块一件。

A: 老板，便宜点儿吧。

B: 你给个价。

A: 11 块。

B: 好家伙，不让我们吃饭了。

A: 老板，别装穷，俗话说，买的没有卖的精。

B: 我看你比我精，15 块，我让了。

A: 我也让步，12 块。

B: 你砍价真狠！ 12 块，你拿走。

いかにも中国語らしい会話である。日本語の訳文も忠実に訳されている。

A: Tシャツはどういうふうに売っているのですか。

B: 1枚22元です。

A: ご主人、少し安くしてください。

B: 値段を出してください。

A: 11元。

B: たいしたものだ。飯の食い上げだよ。

A: ご主人、貧乏なふりをしないでください。諺にも、買い手は売り手ほど賢くないと言いますよ。

B: あなたのほうが私より賢いと思いますよ。15元で、私が譲りましょう。

A: 私も譲って、12元。

B: あなたの値切り方はひどいものだね！ 12元で、持っていきなさい。

この中国値切りらしい日本語の訳文を日本人に教えてもらい、下記、コメントをいただいた。

- 商習慣の違いが会話に表れているように思える。
- 日本ではふつうの店で値切ることはまずないと思う。
- お店によって値切るところもあるが、ふつうは定価で買うことが多い。値切るのは失礼という場合もある。
- 「言い値」はほとんどないのではないか。よほど親しくないと、このやりとりはきつく感じる。
- 「15元で、私が譲りましょう」、市場の八百屋、魚屋などではこのやりとりはそのままありそう。

・買う側も売ってくれる人がなければ商品を手にすることができないから、日本ではお互いに謙虚な気持を持って、このような場合の会話をする。

・日本でも値切り交渉はあるが、もっと違った表現になる。特に大阪ではユーモラスで、かつ直接的な交渉の習慣がある。

・買い物客から半分の値段はほとんど言わない。

第1節に言及したように日本人も値切りをするが、中国人のようにしつこく「砍价」ほどしないことが日本語の会話の例や日本人のコメントから窺える。

日本に来た中国人は買い物をする時、徹底的に値切るのをよく見かける。これも中国の値切り風景の再現ではないかと思われる。しかし、半分までの言い値をすると、たいてい日本人の売り手が怒って、「ほかのところに行って下さい」とか「お客さんあきらめてください」と言い、売ってくれないこともある。結局値切り交渉は失敗になる。

3. 郷に入れば郷に従え

日本と中国は値切りの文化が異なっていることは上述のように明らかなことである。なぜ日本人はあまり値切らないのか。そして、なぜ中国人はよく値切るのか。それについて、『月刊日本語』の「知ってビックリ中国人の不思議」（2008）[⑤]というコラム、および同誌の「中国人・韓国人の不思議」（2010）[⑥]というコラムに次のような旨の説明を行っている。

日本人が買い物で値切る習慣がない。お金のことをとやかくいうのは潔くない、という教育をうけているから、という。

また、中国人が値切るのはふたつの理由がある。一つは経済的理由で、もう一つは、値段交渉そのものを楽しむ、つまり、お金と品物をタネにして、精いっぱいおしゃべりとやりとりを楽しむ、という。

そのほかに、理由があると考えられる。

日本という社会では、価格表示は法律で規制があって、値引きを前提で表示することは禁止されている。小売の「希望価格」が一般的な表示である。例えば、100円で売る商品の価格に1,000円と表示する習慣は原則として存在しないのである。つまり、定価が消費者の納得するような形で決められている場合が多いので、値切るなら、定価の1割か2割程度で、ちょっとした値切り交渉は売り手、買い手の関係をなめらかにする潤滑油になる。上記のように日本では多くの店が客をひきつけるために、最初から最低価格をつけているから、それ以上値切ることは難しい。5割、6割も負けさせるという「拦腰斩」の値切りのストラテジーが日本の値切りの文化には適応しかねる。時にはけんかになるおそれもある。

一方、中国では、法外の値段を要求してくる場合があって、それ以下にするため交渉しなくてはならない。交渉できなければ、ボッタクリのカモにされる可能性もあるからである。売り手がぼったくるので、「拦腰斩」の「値切る」文化が生まれたのだと言えようか。

もちろん、中国でも、スーパーや百貨店などではたいていの商品が決められた価格で売っているので値切りのできないものは少なくない。

軽く値切るか、しつこく値切るかというのは、商習慣が異なっていることがはっきり表されているのである。また、同じ文化でも、地域や人にもよって軽く値切るか、しつこく値切るか、ということがある。

2010年9月に、ネットで「驻日使馆发布赴日游提示：勿漫天杀价」[⑦]というタイトルの記事があった。次のように書いてあった。

> 中国驻日使馆日前发布《中国公民赴日旅游提示》。与07年版注重如何寻求领事保护不同，此次重在提醒游客出行前了解中日文化差异，注意文明礼貌，如不要在购物时漫天杀价、不要在就餐时乱扔垃圾、不要在温泉内洗澡等。

この中国駐日大使館の注意書きより、日本への中国の旅行客が増えてくることによって、値切りの習慣の差異による衝突も増えてくる事実が窺えるのではないか。

異文化コミュニケーションの場合、「郷に入れば郷に従え」と言われるように、その文化の予備知識と、その国のマナーを理解して、それに従えばよいのではなかろうか。

観察・思考・分析をしてみよう

1. 「お値段は勉強しときます」の意味を調べなさい。

コメント：商品をやすく売ること。「勉強する」ということばは、値引の意味としても使われる。値段交渉の際、「もう少し勉強できる？」「もう少し勉強してよ」というと、きっと店の人に「勉強させてもらいました」と言われることを期待するだろう。

2. 値引きの方法の一つとしては、まとめてたくさん買ったら値引きするという方法がある。中国語で表現すると「买两个打九折」「买三送一」になる。それを日本語に言い換えなさい。

コメント：2 個買ったら 1 割引き
3 個買ったらもう 1 個プレゼント

3. つぎの会話の中の「目玉商品」という言葉の意味を説明しなさい。

A: 今日のスーパーの目玉商品、卵 1 パック 78 円だって。

B: え、ほんとう？やすい。早く行かなきゃ、売り切れちゃう。

コメント：超特価品。売り出しの中心となる商品。客が驚きで目（目玉）を大きくするということから来ている[⑧]。

注釈

① 竹村健一．自分の意見が言える人になれ．三笠書房，2001.

② http://polls.dailynews.yahoo.co.jp/quiz/quizresults.php?poll_id=1297&wv=1&typeFlag=1

③ ボッタクリ（ぼったくり）とは、店側の客への不正行為で、安い値段で仕入れてきたものを本来の表示価格より大幅に上回る価格で提供し、客を欺くことを指す

④ http://daigakusei.daa.jp/life/negiru.html
http://www5b.biglobe.ne.jp/~lips/tokushu/toku02.htm

⑤ 杉山明，ほか．知ってビックリ中国人の不思議．月刊日本語．8 月号，2008.

⑥ 杉山明，ほか．中国人・韓国人の不思議．月刊日本語．1 月号，2010.

⑦ 2010-09-08　来源：大洋网（广州）

⑧ 山根知恵，監修．日本語口語表現辞典．研究社，2013.

第 14 章　前置きのストラテジー

❖前置き表現は本題に入る前に文頭におく言葉のことで、あとに続く言葉の印象を和らげる効果がある。日本語母語話者は中国人の日本語学習者よりよく前置き表現を使っている。

❖前置き表現の使用数やその使用頻度は、文化によって大きな差が出ている。

❖中国人の日本語学習者に理解しがたい日本語の前置き表現もある。

第 14 章　前置表达运用策略

❖前置表达是指在进入正题之前开头部分的引言，具有使其后面的话语显得口吻柔和的效用。相比中国人的日语学习者，日语为母语的人会更加频繁地使用前置表达。

❖前置表达的数量和使用频率，在不同文化中表现出很大差异。

❖在日语的前置表达中，存在学习日语的中国人难以理解的表达方式。

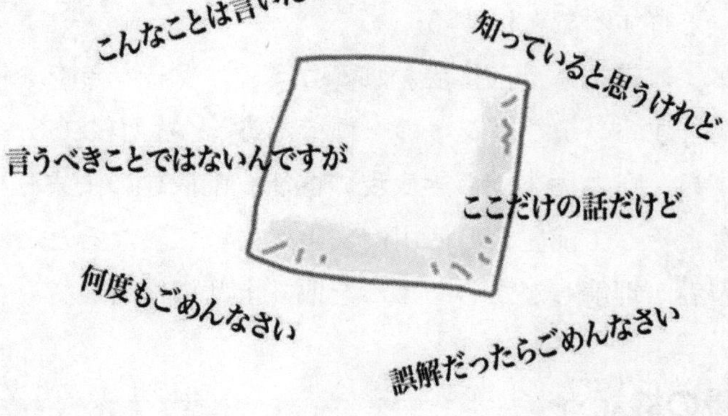

各国の国民性について、おもしろいたとえ話がある。

イギリス人は歩きながら考える。

フランス人は考えた後で走り出す。

スペイン人は走ってしまった後で考える。

日本人は言い訳をしてから歩く。

金田一（2002）[①]は、日本人は、「いいわけをしてから」というよりも、「ことわってから歩く」だといっている。

「こんなことは言いたくないが」

「周知のごとく」

「率直に言いますと」

つまり、本題に入る前に、あらかじめ知らせておいて了解を得てから発言するということである。

原口（1982）[②]はこれを「方向指示表現」という。

芳賀（2004）[③]は日本人の民族的口癖のひとつは「注釈の前置き」があると指摘した。

最近、こういう受け手に前もって情報の一部を与える言い方についての先行研究では、ほとんどこれを「前置き表現」と言っている。本章においても、「前置き表現」と称することにする。

前置き表現は、本題に入る前に現われ、コミュニケーションを円滑に進めることを目的とするストラテジーの一種である[④]と考えられる。

本章においては、日本語の前置き表現の機能、前置きの決まり文句などをまとめてみた。そして前置きの使用は文化によって異なるところや中国人の日本語学習者が理解しがたいところを取り上げて検討してみた。

1. 前置き表現の機能

前置き表現の機能分類について、陳（2007）[⑤]が杉戸（1989）[⑥]などの分類を参考に前置き表現の分類を「対人配慮型」と「伝達性配慮型」の2種類に分けた。聞き手と心地よく，スムーズにコミュニケーションを図るためには、話し手には、聞き手との人間関係を保つためのものは「対人配慮型」で、いかに効率よく伝達情報を聞き手に伝えるかという伝達性への配慮は「伝達性配慮型」だと説明されている。

また「対人配慮型」前置き表現と「伝達性配慮型」前置き表現は、話し手がどのようにその対人関係への配慮、または、伝達性への配慮を表現するか、すなわちその配慮の表現方法によって、次の表のように下位分類された。

陳（2007）による前置き表現の機能分類

対人配慮型	詫び表明	申し訳ないんだけど
	理解表明	お気持ちはありがたいんだけど
	謙遜表明	こんなことを言うのは僭越ですけど
	釈明表明	別にあなたをひどい人だとは思わないけれど
伝達性配慮型	話題提示	例の展覧会の話ですが
	様態提示	簡潔に申しますと

実際の会話では、話し手が対人関係への配慮、伝達性への配慮をする一方、自身への配慮をするときもあると思われる。「言うまでもない」「言うべきことではないんですが」「言いたくはないが」などはそのような例である。

「言うまでもない」「言うべきことではないんですが」「言いたくはないが」と言っても、実際にはぜひ言っておきたいのである。実は、その言い方のあとに来ることは、「どうしても言っておきたい」ことなのである。この言い方は「自明のことを言うな」という非難に対する一種の防止策として、用いられるのである。

また、**「これは自慢するわけではないが」**とか**「うちの子をほめるじゃないが」**といってから自慢話をしたり、自画自賛したりするのも同じ理由によると言えるのであろうか。

また、苦情をいうとき、**「わたしの思い違いかもしれない」**といっても、絶対「思い違い」とは思っていない。これも苦情を言われる人に反発されたらというときの自己防衛なのだと考えられる。

「わたしの独断と偏見ですが」は、会議や話し合いで、みずから発言を求めて、いきなり「独断と偏見ですが」という人がいる。これも、「批判もあるかもしれませんが、まあ聞いてください」というような意味で使っているように思われる。

謙遜という前置きは、聞き手への配慮をする一方、自分自身を守るための武器でもある。

「なにも知らないわたしごときが、このようなことを申すのはなんでございますが」は、「なにも知らない」とか「言うことがない」と言っても、実際に「何も知らない」「言うことがない」というわけではない。これはへりくだったことを示す一方、「えらそうに」という反発が生じないようにおはらいをしているのである。

言いたくないのなら、最初から言わなければいい。言わなければならないことは、はっきり言えばいい、と最近合理的に考える人が多くなるが、話し手としての保身術として、日常会話ではやはりよく使われているのである。

したがって、日本語の前置き表現について、「対人配慮」「伝達性配慮」のほかに、「自身配慮」という機能もあると考えられる。「自身配慮」という型の表現方法には、「行動否定」と「自己批判」が含まれるようである。陳の分類と結びついて、筆者が前置き表現の機能を次のように下位分類しようと試みた。

前置き表現の機能分類

<table>
<tr><td rowspan="4">対人配慮型</td><td>詫び表明</td><td>申し訳ないんだけど</td></tr>
<tr><td>理解表明</td><td>お気持ちはありがたいんだけど</td></tr>
<tr><td>謙遜表明</td><td>こんなことを言うのは僭越ですけど</td></tr>
<tr><td>釈明表明</td><td>別にあなたをひどい人だとは思わないけれど</td></tr>
<tr><td rowspan="2">伝達性配慮型</td><td>話題提示</td><td>例の展覧会の話ですが</td></tr>
<tr><td>様態提示</td><td>簡潔に申しますと</td></tr>
<tr><td rowspan="2">自身配慮型</td><td>行動否定</td><td>言いたくないが
うちの子をほめるじゃないが</td></tr>
<tr><td>自己批判</td><td>わたしの思い違いかもしれませんが
わたしの独断と偏見ですが</td></tr>
</table>

2. 前置き表現の決まり文句

本節では、中国人の日本語学習者に日本語の前置き表現をもっとたくさん身に付けさせるために、非難・依頼・断り・詫び・謙遜・いい訳などの言語行動についての前置き言葉の決まり文句をまとめて紹介したい。

非難や悪い評判を伝える時

人の欠点や過失などを取り上げて責めたり伝えたりする時、非難された者の「面子」も、話し手自身の「面子」をも配慮して、次のような前置き表現がよく用いられる。

・聞き流してもらっていいんだけどね

・こんなことは言いたくないが

・言うべきことではないんですが

・失礼なことを言ったら、ごめんなさい

・厳しいことを言うようだけれど

・わたしの思いちがいかもしれないけれど

・知っていると思うけれど

・言い返すことになっちゃうけれど

・何度もごめんなさい

・誤解だったらごめんなさい

・気のせいかもしれない

・わたしが気にしすぎかもしれないけど

・へんなこと、しつこくてごめんね。実は…

・ここだけの話だけど

このような表現を前もっていうのであれば、それは次に言うことが、他人についての悪い評判を伝えたりその人を非難したりする内容になる場合が多い。例えば、「ここだけの話だけど、彼女の旦那さんは賄賂で捕まったそうだ。」

依頼したりする時

相手に負担をかけてしまいそうな少々無理な依頼をしたりするとき、いきなり依頼内容を述べるのではなく、表現を押し付けなくて穏やかに話を進めたいときに活躍するのが、前置きの決まり文句なのである。

・さしつかえなければ
・もし、よかったら
・ずうずうしいと思うけど
・あつかましいですが
・言いづらいんだけど
・こちらの勝手ですが
・恐れ入りますが、ご連絡いただけるようお伝えください
・お差し支えなければ、携帯電話の番号を教えていただけますか
・お手数ですが、この資料を郵送していただけますか
・わたしねえ、えらいあつかましいようですけど、花瓶がひとつ、ほしいんですわ

断る時

せっかくのお誘いや依頼を断る場合なども、ストレートな言葉で伝えては、相手が気を悪くするので、前置き表現が使われる。

・せっかくだけど
・ほんとうに残念だけれど
・役に立てたら、わたしもうれしいのだけれど
・もうしわけございませんが、こちらの商品は取り扱いがございません
・あいにくですが、その日はすでに予定が入っております

言い訳をする時

遅刻したりするとき、「言い訳するわけではないんですが」という前置き言葉で断ってから、「車が混んで」とか「急に気分が悪くなって」といった言い訳を口にする場合が多い。わざわざそういうのは、「自分は悪くない」という責任の意識が働いているのである。

話し手の立場を表わす時

原口（1982）は「残念なことに」「幸い、…」は、話し手の立場を明示する時の「方向指示表現」だといっている。それについてのおもしろい話も述べた。

外国で飛行機事故があって多数の死者が出たという報道の中に、「幸い日本人は含まれていなかった」という言い方に対し、「幸い」とはなにごとか、日本人が関係していなければ、多くの人が死んでも幸いということは、とんでもない自己中心的な言い草だ、という趣旨の抗議文を新聞に投じたこともあったそうである。

また、天気予報で「悪くすると、明日は雨でしょう。」という言い方に、雨が降らずに水不足で苦しんでいるその地方の人から、「悪くすると」とはなにごとか、と抗議されたという話もある。

そのほかに、「率直にいいますと」「あなたにいい知らせと悪い知らせがあります」も話し手の立場を表わす例である。

「率直に言いますと、お宅のお子様はほんとうによい子ですね。」といったら、お世辞ではなくて、ほんとうのことを言っているということを強調することにつながっていると考えられる。

「おめでとうございます。男のお子さんですよ。」は、看護師さんが病院で子どもの出産を待っている父親への無事のお知らせ。「おめでとうございます」を耳にしたとたん、待っている人が胸をなでおろしたのではないか。

謙遜する態度を示す時

話し手がへりくだったり謙遜する態度を積極的に表示することにより、聞き手への配慮を行う表現である。自分自身への配慮でもある。

・なにも知らないわたしごときが、このようなことを申すのはなんでございますが
・すでに皆様十分にお話になったので、わたしにはもうこれ以上言うことはなにもございませんが
・わたしは話すのが下手ですが
・わたしごときが乾杯の音頭をとるのは僭越でございますが

・第一番にみなさんの前でお話させていただくのは、僭越きわまりないことでございますが

西洋文化の影響で事実ありのままに言うべきだと主張する日本人がいる。例えば、「わたしはこの問題を充分に研究してきたわけではありません。すこしばかり意見を述べさせてもらいます。」と言ったら、まだ研究しつくしていないなら、どうして発表するのかとか、言い訳がましいことを言わないようにしなさいとか、これ以上言うことがなければ言わなくてもいいとかと反発している人もいる。そうとはいっても、いまの日本社会では、謙遜は美徳だという考えは依然として根強い。独りよがりで、傲慢に聞こえないようにするために、会議や話し合いで謙遜的な前置き表現がまだ多用されているようである。

詫びをする時

お詫びの前置き表現は日本語ではたいへん発達している。相手にとって不愉快な話題を提出したり、厄介ごとを押し付けたりする場合は、まず真っ先に「ごめんさない」「すみません」「申し訳ございません」から言い始めるのが日本語のマナーである。

・夜分遅くすみませんが

・お疲れのところ恐縮ですが

・お急ぎのところ（お忙しいところを / お食事中を）申し訳ありませんが

・お暑い中をすみませんが

・お時間をとらせて恐縮ですが

・電話で失礼ですが

・暗い話題で恐縮ですが

・雨の中をすみませんが

・交通事情の悪いところをどうもすみません

・こんな格好ですみません

・個人的な話で恐縮ですが、我が家では…

・悪いけど今日も残業を頼むよ

話題を切り替える時

会話の中で話題が移っていくのは、ごく普通のこと。次のような表現は、前の情報とは違う新たな情報を切り出す機能を持ち、文頭で、新たな話題に転換する時に使用される。

・ところで
・そういえば
・話は変わるけど
・話は飛びますけど
・話は戻りますけど
・さっきの話の続きですけど
・つかぬことをうかがいますが。
・突然で不作法に聞こえるかもしれませんが
・話を変えるわけではないのですが
・話題を変えるつもりはないのですが

日常的には、いままでとは関係のないことを突然尋ねたり、人に急に話しかけたりするような場合に用いる。「つかぬことをお伺いしますが」という。

話の途中であれば、「突然で不作法に聞こえるかもしれませんが」という。

「話題を変えるつもりはないのですが」といって、さりげなく話題を変えるという場合もある。これは一種の論理矛盾を犯しているようだが、そういう言い方によって話題を変えることへの了解をとっているのである。

また、変わってしまった話題の取り戻しをする時、「さっきの話の続きですけど」という言葉から言いはじめて、話題を戻すのである。

3. 中国人の日本語学習者の理解しがたい日本語の前置き表現

中国語にも「前置き表現」が使われている。

・<u>丑话说在前头</u>，亲兄弟，明算账。
・<u>说出来不怕你笑话</u>，我老婆是个醋坛子。

・A: 说真的，你喜欢这个地方吗?

B: 说实话，谈不上喜欢。

・不是我夸你，你太有才了。

・不是我指责你，你一次又一次的袒护他来伤害我。

これについて、陳（1994）[⑦]は次のように分析している。

「汉人有试探性的思维习惯，西方人讲话习惯于开门见山。汉人讲话往往瞻前顾后，为了争取主动，先是对交谈对象进行一番试探。」

しかし、前置き表現の使用数やその使用頻度は、文化によって大きな差が出ている。ある研究では[⑧⑨]、意見提示の際の前置き表現は、日本語母語話者は日本語学習者より多用し、会話では中国人学習者は、情報の伝達を優先させ、相手に対する配慮を欠いてしまう傾向があるという。確かに中国人の日本語学習者の会話に、置き表現の欠如や述べられている意見が押しつけがましく聞こえたりする場合が少なくなかろう。たとえば、

会議中の先生に用事があって「郑老师，请过来一下」と言ったら、中国語では、なにも違和感がないのだが、日本語では、なんだか唐突に聞こえる。この場合は次のように前置きを言ったら、後に続く言葉の印象を和らげる効果がある。

「会議中をすみません。鄭先生、ちょっと…」

以上は、前置き表現の使用数や使用頻度における中日の差を述べたが、また、日本語では、中国語にない前置き表現も使われている。それはだれかの話を引用するときの前置き表現である。

日本語では、引用するときに、「だれそれの言ったことじゃないが」とまず否定して、それから、その人のことばをほぼ文字どおり繰り返すというような前置き表現がある。

原口（1982）は『ことばの文化』では次のような例が挙げられた。

「池田首相のせりふじゃないが、わたしは嘘はもうしません。」[⑩]

「天皇のことばじゃないが、まったく、耐えがたきを耐え、忍びがたきを忍びだね。」[⑪]

この表現は、次にくるのは、だれそれの引用なのに、なぜまず否定をするのか。この点に関しては、同原口は、ほかの学者の説明を参考に、他人の言ったことをそのまま繰り返すことは、言霊の災いを招くもとであり、

はばかるものであったという言霊思想によるのである、というふうに説明している。

「～じゃないが、…だ。」という構文は、前文を否定文にして、後文を強調しているのである。「池田首相のセリフですが、わたしは嘘はもうしません」とも言えるが、後文の「私は嘘はもうしません」が強調されない。

この構文は、前文を否定して、後文を強調しているのである。これは、自分の言いたいことを強調するための、きわめて中国人の日本語学習者にはわかりにくい使い方である。この言葉を使う場合は、一般的に後文に来るものは世間に周知のものでなくては意味が通じない。池田首相の言葉「わたしは嘘を申しません」という言葉が世に広まっていないと、全くパンチの効果ない文章になる。天皇の言葉にしても、それが日本の敗戦を天皇がラジオで放送された時に使われた言葉なので、恐らく日本国民の大部分の人が知っている。それ故、前文にくる者は、著名人の言葉、諺などが使われるのが普通である、という。次の文も同じような例である。

「漱石先生の言い草じゃないが、智に働けば角が立つ、情に棹させば流される…」

観察・思考・分析をしてみよう

1. 中日の映像資料や実際の会話に出ている前置き表現を観察して、その機能を分析しなさい。
2. 次の文の下線部の言葉の役割を考えなさい。
   ① <u>说实在的</u>，他的字写得真不敢恭维。
   ② <u>咱们丑话说在前头</u>，你不能半路开小差，得坚持到底。
   ③ <u>不瞒您说</u>，我的外号叫“活地图”，全北京没有我不认识的地方，您放心好了，保证耽误不了您的事[12]。
   ④ <u>告诉你</u>，现在不少人都在打那几套房子的主意，咱们这次可不能掉以轻心，得盯紧点儿[13]。
   ⑤ <u>说穿了</u>，他们还是心里有鬼[14]。
   ⑥ <u>我劝你</u>，你跟老张吵归吵，工作可别马虎[15]。
   ⑦ 为了脸上好看到处借钱，何苦来呢？<u>哎，你说</u>，咱们要是送礼，送多少钱合适呀[16]？
   ⑧ それから夫人はさちこが買ってきたまくわ瓜の値段を聞き、つり銭を受け取って

勘定した。

「あら、さっちゃん、五円玉じゃないの、あなたは四十五円足りないわよ。五十円と五円玉と間違えてもらってきたんじゃないの！」夫人の声は尖ってきた。

「気をつけなくちゃダメよ。わたしはお金を惜しんでいっているんじゃないの…注意というものが大切だってことをいってるのよ。わかる？」

（佐藤愛子『忙しい奥さん』角川文庫）

参考訳文

① 正直言って、彼の字はほめられたものではない。

② 気まずくなることのないように前もって断っておくけど、途中でぬけだしちゃだめですよ。最後まで続けることです。

③ 実をいえば、わたしのあだ名は「生きている地図」と言いまして、この北京全体どこでも知らないところはありません。どうぞご安心ください。絶対御用には遅れませんから。

④ 言っとくけど、今はたくさんの人があの何軒かの家に目をつけているよ。今回こそ絶対油断できないわ。しっかりと見張っておいてね。

⑤ ずばりいわせてもらえば、やつらにはやかましいことがあるのさ。

⑥ 言っとくけどね、張さんとの喧嘩は喧嘩、仕事がいい加減じゃ話にならないよ。

⑦ あの人は、面子のためにあちこち借金するなんて、なにもわざわざそんなことをしなくてもいいのに。それはそうと、もしご祝儀を出すのなら、どのくらいにすればいいかしら。

注釈

① 金田一春彦．日本語を反省してみませんか．角川書店，2002.

② 原口庄輔．ことばの文化．こびあん書房，1982.

③ 芳賀綏．日本人らしさの構造——言語文化論講義．大修館書店，2004.

④ 大塚容子．テレビ討論における前置き表現——「ポライトネス」の観点から．岐阜聖徳学園大学紀要・教育学部・外国学部．通号 37. 岐阜聖徳学園大学教育学部・外国語学部紀要編集委員会，1999.

⑤ 陳臻渝．日本語会話における前置き表現—配慮の表現方法によって—. 言語文化学研究 言語情報編．第 2 号．大阪府立大学人間社会学部言語文化学科，2007.

⑥ 杉戸清樹．言語行動についての決まりことば．日本語学．8 巻 2 号，1989.

⑦ 陈建民 . 语言与文化面面观 . 文化与交际 . 胡文仲 , 主编 . 外语教学与研究出版社 ,1994.

⑧ 山下みゆき．日本語学習者の前置き表現の使用の実際—課題に基づく意見文より—. 日本語教育のためのアジア諸言語の対訳作文データの収集とコーパスの構築．平成 11-12 年度科学研究費補助金基盤研究（B）（2）研究成果報告書．国立国語研究所 , 2001.

⑨ 陳臻渝，ほか．中国語を母語とする日本語学習者による「前置きの習得」—KY コーパスを利用して—. 大阪府立大学人間社会学部言語文化学科．言語文化学研究　言語情報編．第 3 号 , 2008.

⑩ 「私は嘘は申しません」は、池田勇人首相の台詞であり、日本の歴代首相の内、流行語になった数少ない名言の一つである。

⑪ 1945 年 8 月 15 日、日本の敗戦を天皇がラジオで放送された時に使われた言葉。

⑫⑬⑭⑮⑯沈建華，編著．是永駿，ほか，編訳．中国語口語表現　ネイティブに学ぶ慣用語．東方書店 , 2009.

六、異文化コミュニケーションの非言語行動

非言語コミュニケーションとは

コミュニケーションには、言語によるコミュニケーション（verbal communication）と非言語によるコミュニケーション（non-verbal communication）の２種類がある。非言語コミュニケーションとは、言葉によらないあらゆる伝達手段を用いたコミュニケーションを指す。コミュニケーションは言語によるものと考えがちであるが、非言語の果たす役割は意外なほど大きい。

ある実験結果によると、対人コミュニケーションにおいて言語コミュニケーションが占める割合は35%程度、残りの65%は非言語コミュニケーションによると言われている。さらに、詳しい研究によると、対人態度の表現における全メッセージの内で7%が言語、38%が音声の特徴、55%が顔の表情により、音声の特徴と顔の表情をあわせると、メッセージの93%が非言語によって伝達されているという。これらの統計はどのくらい信頼性があるかは別として、人間コミュニケーションにおける非言語コミュニケーションの役割は一般に考える以上に大きいと言える。

例えば、愛し合っている仲の女性が男性ににこにこしながら「あなたなんて阿呆よ」といっても、実際に「あなたのことがすき」というメッセージを伝えられる。なぜなら、にこにこ笑っているからである。これは非言語コミュニケーションによる典型的な例である。

非言語コミュニケーションには、具体的にいうと、次のようなものが含まれる。

①身体動作：ジェスチャー、体全体の動き、姿勢、表情、視線、歩き方など。

②身体特徴：魅力、体臭、口臭、毛髪、皮膚の色、体型など。

③空間認識：対人距離、座席の位置、縄張り行動、身体の向き、並び方など。

④接触行動：撫でる、叩く、抱擁、握手、頬擦り、キスなど。

⑤パラ言語：声の高さ・速さ・大きさ・響き、リズム、イントネー。ション、アクセント、笑う、泣く、囁く、叫ぶ、あくび、せき、くしゃみ、しゃっくり、鼻声、いびき、沈黙、ポーズなど

⑥人工品：服装、カツラ、化粧品、持ち物、香水、アクセサリー、メガネ、履物など。

⑦環境要素：建物、家具、食器、室内装飾・照明、色彩、ノイズ、BGMなど。

⑧時間感覚：活動時間、物事の同時進行性、優先順位、待ち合わせの捉え方など。

非言語コミュニケーションも文化によって違うものが多い。ときにはカルチャーショックにあう。中日両言語の非言語コミュニケーションにも異なるものが少なくない。例えば、宴会などの場合、中国人は、お酒やタバコを客やまわりの人に何回も勧めるのが礼儀だと思う言語行動は、「しつこいな」と日本人に思われかねない。一方、逆に日本人の、あまり勧めない言語行動に対して、中国人は「つめたいなあ」「けちだな」と思う恐れもあるのではないか。

非言語コミュニケーションは重要なものであることはいうまでもない。外国語を教える時、同時にその外国語の非言語コミュニケーションをある程度教えるべきである。しかし、非言語行動はまだ体系化されていないのも事実である。ここにおいては、おもにハンド・ジェスチャーと体に関する俗信に焦点を当てて検討していく。

訳文

六、跨文化交流中的非言语行为

什么是非言语交流?

所谓交流，可分两类，即言语交流与非言语交流。非言语交流是指，使用除言语之外的一切传达手段来进行交流的行为。虽然“交流”一词往往被认为是言语交流，但其实非言语行为在交流中发挥的作用非常大。

某实验结果显示，与人交流的行为中，言语交流占比35%。余下的65%为非言语交流。另外，据详细的研究表明，在表现对他人态度的全部信息中，言语仅占7%，声音特征占38%，面部表情占55%。如果将声音特征和面部表情结合来看，93%的信息都是凭借非言语方式进行传达的。上述数据统计可靠与否另当别论，至少可以说明，非言语交流所发挥的作用超乎一般想象。

比如，恋爱中的女人笑嘻嘻地对男人说“你真笨”，其实表达的信息是“我喜欢你”。原因在于，女人是“笑嘻嘻”地说。这是非言语交流的典型例子。

具体来说，非言语包含以下内容。

① 身体动作：手势、全身动作、姿势、表情、视线、走路方式等。

② 身体特征：魅力、体臭、口臭、毛发、肤色、体型等。

③ 空间意识：与人之间的距离、座位的位置、划界行为、身体朝向、排列方式等。

④ 接触行为：抚摸、拍打、拥抱、握手、贴脸、亲吻等。

⑤ 副言语：声音的高低、语速、声音的大小、回音，节奏、语调、声调、笑、哭、窃窃私语、呼喊、打哈欠、咳嗽、打喷嚏、打嗝、鼻音、打鼾、沉默、停顿等。

⑥ 人工制品：服装、假发、化妆品、随身物品、香水、配饰、眼镜、鞋袜等。

⑦ 环境要素：建筑物、家具、餐具、室内装饰以及灯光、色彩、噪声、背景音乐等。

⑧ 时间感觉：活动时间、事物的同时进行性、优先顺序、对会面规则的把握。

非言语交流中因文化不同而产生的差异屡见不鲜，有时也会遭遇文化冲击。中日两国言语中的非言语交流存在不少差异。例如，在宴会上向周围人劝酒劝烟的行为在中国人看来是一种礼仪，但很有可能被日本人理解为纠缠不休。反之，日本人不怎么劝人烟酒的行为，在中国人看来恐有薄情与小气之嫌。

非言语交流的重要性不言而喻，所以在进行外语教学时，也应当同时教授一定程度的非言语交流方式。然而，事实上非言语交流行为至今仍未系统化。因此，接下来将主要以与手势、身体相关的民间信仰为焦点展开探讨。

第15章　ハンド・ジェスチャーのストラテジー

❖中国と日本には共通のジェスチャーがある。まったく同じものもあるし、多少違っても意味が通じるものもある。

❖ジェスチャーも慣習的で、日本と中国の間に通用しないものが少なくない。動作がまったく同じで意味はぜんぜん異なっているものもあれば、一方ではなんらかの意味をもっている動作が、もう一方では、なんらかの意味も持たない場合もある。

第15章　手势语策略

❖中日两国的手势有许多共通之处，既有完全相同的手势，也有稍有差别实则意思相同的手势。

❖手势语是一种习惯性的行为，中日两国间也存在不少无法通用的手势语。有的手势动作相同而表达的意义完全不一样，也有的手势动作在一国可以表示某种含义，但在另一国却不含有任何意义。

旧时，商人在市场上讨价还价时，不愿意让旁人知道他们商量的价格，就会把手伸到对方的袖子里，用手指比画字形来交流。

昔、中国では、商人は市場で値切るとき、交渉中の価格を他人に見せたくないため、自分の手を相手の袖の中に入れて指で交渉しあっていた。

ジェスチャーは、体全体の動き、姿勢、表情、視線、目つき、歩き方ということを表すが、ここにおいては主に手の動き、つまり手のジェスチャーあるいはハンド・ジェスチャーを中心に検討する。人とコミュニケーションをとる時、手の動きは言葉同様、重要な役割を果たす。

本章では、資料[①]や調査をもとにおもに日本人同士がよく使うハンド・ジェスチャーを中心として挙げながら、中国のハンド・ジェスチャーとの類似点と相違点も検討してみた。日本では否定的な意味を表すが、中国では積極的な意味が付与されているジェスチャーに特に注意すべきである。逆にも同じことが言えるのである。

1. 日本人のハンド・ジェスチャー

(1) 数を数えるハンド・ジェスチャー

指を使った数の数え方は、1～5までは日本と中国で同じであるが、6～10は異なっている。そして、自分で数を数えるときと、人に数えるのをみせる場合は、ジェスチャーが同じではない。

「6」からは小指から順に開いていくようにする。片手で指を閉じたり開いたりして数える。

人に見せる時には手をグーの状態から、人差し指から開いていく。親指から開いていく場合もある。

中国人も片手を使うのみであるが、「6」から日本の数え方と違うようになる。「6」は親指と小指を立てる。「7」は親指と人差し指、中指を伸ばし、指先をつける。「8」は親指と人差し指を立てる。「9」は人差し指を立て、指先を曲げる。「10」は人差指と中指を交差して表す。握りこぶしで「10」を表わす人もいる。図1の示すとおりである。

日本人		中国人
	1	
	2	

（续表）

日本人		中国人
	3	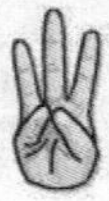
	4	
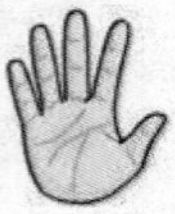	5	
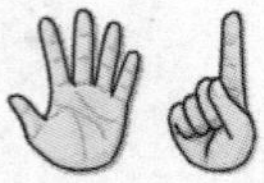	6	
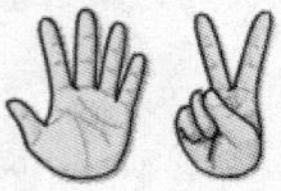	7	
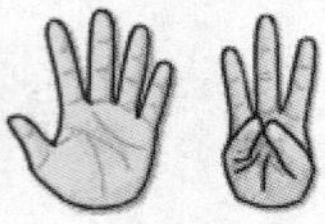	8	
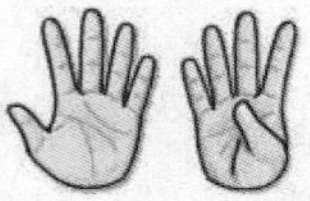	9	
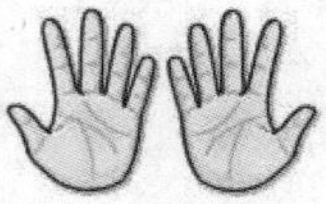	10	

図1　日本人と中国人による数を数えるジェスチャー[②]

(2) 人などを示すハンド・ジェスチャー

日本では、人などを示すジェスチャーは、中国では別の意味になる。中国には人などを指すジェスチャーはあまりない。

「男の恋人とか上司とか」を示す時、日本では、親指を上向きに立てる。このジェスチャーは手話からきたものだと言われている。中国では「よくやった、上手だ」という意味で、人が賞賛や承認を示すジェスチャーになる。

「女の恋人、女」を示す場合は、逆に小指を立てる。これも、日本の手話からきたものである。日本ではなぜ小指で女を表すかというと、これは、5本の指を人間に「見たて」て、その中でいちばんかわいい指を選んで示すのだという説がある。

それに対し、中国では、「小指はへただ、つまらない、よくない」という否定的意味をもつ。また、「小さい、いちばん小さい」（家族の長幼の序など）という意味を表す時もある。

「ゲイ・男の同性愛者の人たち」の話題が出たときに、手の甲を頬に当てた「なよっ」とした。中国にはないジェスチャーである。

「泥棒、盗み、万引き、ひったくり」を示す場合、人差し指を立てて曲げた状態にする。中国では数字の「9」を意味する。

「幽霊」を示す場合は、両手を前に出して手首をだらんと垂らす。中国にはないジェスチャーである。

「わたし、自分」をさす場合は、日本では、自分の鼻を人指し指でさす。これは、遠くから呼ばれて「私のこと？」と確認する時や、子どもが「私も私も！」と自分を強調する時などに使う。日本でも胸を指すことはあり、鼻を指すよりも丁寧な印象になる。

中国も同じようなジェスチャーがある。鼻をさすか胸をさすか人によるであろう。「自分」の「自」は「鼻」の原字で、今日の「鼻」の字にも「自」が含まれているのは、このことと関連があると言われている。

ちなみに述べたいのは、中国ではこの人差し指でほかの人の鼻をさす場合は、ひどい意味になる。

『日・中・英言語文化事典』[③]では、中国の「鼻をさす」「指をさす」について、単に人やものを指差す時と、非難したり、腹を立てて激しく罵ったりする時、という二つの場面において見られる、と指摘した。日本語の「ものや人を指す」は実用的な動作として理解されるが、中国では、単に「眼前のものや人を指す」という実用的な動作として理解されるのではなく、さらに相手を激しく非難する時に伴う身振りである。日本語で「相手の鼻を指差しておおいに腹を立てた」という表現が奇妙な言い方に感じられるのは、「相手の鼻を指差す」という動作表現には単にその具体的な動作の意味しかなく「腹を立てる」という感情的色彩を帯びていないからである。

そういえば、確かに、中国では、激しいけんかになる場合、相手の鼻を指して罵る場面がよく見られる。小説の中においても、これについての描写が見られる。

①七斤嫂听到书上写着，可真是完全绝望了；自己急得没法，便忽然又恨到七斤。伊用筷子指着他的鼻尖说："这死尸自作自受！（略）"（鲁迅《风波》）

「鼻」というと、中国にはまた「刮鼻子」というジェスチャーがある。「刮鼻子」とうのは、指の背で鼻を上から下へこする動作であるが、「責める」の意味になる。「输了刮鼻子」（「負けたら鼻刮子」）はこのことである。例えば、トランプをする場合、負けた人は「刮鼻子」という罰を受けることになる。「刮鼻子」は、動作に伴うことなく、ただ「せめる」という意味にも転義されている。例えば、

②谁墨守成规，谁就要被刮鼻子[④]。

(3) 物を示すハンド・ジェスチャー

「お金」は、親指と人差し指で輪を作って表す。これは具象型の身振りで、つまり、実際のお金のかたちをしてみせる。また、西洋から学んだもので、OK のマークでもある。中国ではこれはオーケーサインで、ゼロ、数字 3 の意味として受け取られる。中国ではお金のことなら、指を摺り合わせて表す。

「電話」を表す場合は、日本は、握った手を耳元に当てる動作である。中国の場合は、右手の親指と小指を立てて、ほほの横に構えて電話の受話器を持つような格好をする。

「ピストル」を表す場合、日本では、親指を立てて、人差し指と中指をあわせて相手に向ける。中国のピストルのジェスチャーは日本とすこし異なっている。中国は、中指を使わず、親指を立てて、人指し指を相手に向けて、銃、ピストルの意味を表す。

(4) 事を示すハンド・ジェスチャー

「感謝、依頼」する時に、顔の前で片手、あるいは両手を合わせて拝む形をとる。

③「だから、ね、また、お願い」ユミちゃんは顔の前で手をあわせて、わたしをおがんだ。（群れようこ『姉の結婚』　集英社　1995）

中国では感謝を表すジェスチャーは今はとくにない。むかしは、片手グーで、もう片方の手でそれを包むようにするというジェスチャーがあったが、いまは歴史映画などでよく見られるが、日常生活ではあまり使わなくなった。また、テーブルのマナーとしては、レストランでお酒やお茶をついでもらった時、「ありがとう」という代わりにテーブルを指でコンコンとたたくというジェスチャーがある。

拱手

片手を丸めてもう片方の手で包んでそれをやや振り、感謝や依頼の意を表すポーズ

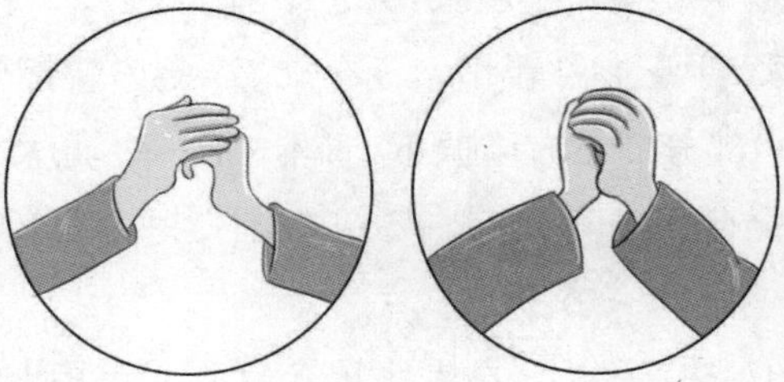

「なにか食べるか、なにか食べたい」を表す場合は、日本では人差し指と中指を口の前で動かし、もう一方の手を下からそえる。中国では、同じようなジェスチャーがないが、意味が通じる。

「わからない」を示す場合は、日本人は手を広げて左右に振る。このしぐさは中国では「仕方がない、残念だ、知らない、なにもない」というような意味を示すことが可能である。

「よろしい」を表す時には、日本人の若者は、時には頭上に両腕で大きな輪を作り、左右の指をつける。これは、学校のテストで正解にマルをつけるのを真似たものであり、正解にマルを使用する日本文化からの影響を受けていると考えられる。一般には、片手の親指と人差し指で丸を作り、それを顔の近くにもってきて、「OK」の意味を表す。

「前を失礼」は、例えば、電車で人の前を通るときに、多少かがみ気味に手を前に出して、空を切るようにする。中国では、相手に「下车吗」（「降りますか」）と言葉で示す場合が多くて、「降りなければどいて」という意味になる。

「おしゃべり」は、口の前で握った手を開いたり閉じたりするジェスチャーで示す。このジェスチャーは中国でも通じる。

「酒を飲む」は、指で「おちょこ」を持つかっこうをして、口の近くから斜め上へ持ち上げる。中国ではこういうしぐさがない。

「ごまする」を示す場合は、右手の拳を左の掌の上で回す。これは日本特有なジェスチャーである。日本語には、「ごまをする」という慣用句があって、他人にへつらって自分の利益を図る意味を示す。中国では、この場合は「ごまをする」ではなくて、「拍马屁」（馬のしりをたたく）になる。

「信じない」を示す場合は、指で眉に唾をつける。このしぐさは眉に唾をつけておくと狐や狸に化かされないという俗説からきたものである。だまされないように用心するという意味である。中国にないジェスチャーである。

「首になった」は、手を握り親指のみを立て、その親指で首を横になぞる、あるいは平手を首の部分で左右に振る。日本では解雇を意味する。これは「クビにする」からの発想だと考えられる。中国では「自殺する、殺す」の意味になる。

「たばこを吸う」ということを表す場合は、人差指と中指を立てて口元に持っていく。中国でも同じようなジェスチャーがある。

「あついものにふれた時に」は、日本では、親指と人差指で耳たぶをつまむ。あついものに触れた時の多くの人の条件反射的な動作になっている。中国では、同じような意味のジェスチャーもある。そして、「よく聞こえない、もう一度言ってください」というような意味として受け止める場合がある。

「すこしだけ」を表す場合は、中国人も日本人も親指、人差指でほぼ同様なしぐさをする。日本では指を上に向けてつぼめる。中国では、右手の親指と人差指の間を三センチほど開く。次に、その手を相手に示すように動かす。

(5) 行動指示のハンド・ジェスチャー

「こっちへ来い」を表す場合は、手の甲を上にして手首から振る。中国にもこれに似ているジェスチャーがある。

「すこし待って」という意味を表す場合は掌を相手に見せる。

「静かにして」人差指を立てて唇にあてながら、「シー」という。日本人の場合は、唇をすぼめずに、唇から指をすこし離す。中国人は唇をすぼめるかすぼめないか人によって異なる。

教室や食卓で回りにいる人たちに「静かにしなさい」と警告を与える場合、中国では、机やテーブルを2、3度たたいて音を出すこともある。日本人はこれをしない。

「休憩（スポーツで）・中止」を表す場合は、中国も日本も、指先を上に向けて、もう一方の手のひらに下から触れる格好をする。

(6) 人を貶すハンド・ジェスチャー

「ブス・豚のような顔」を示す場合は、鼻を指で持ち上げる。

「バカ、あほう、まぬけ、気が変だ」などの意味として使う場合、頭のそばで指をクルクルまわして、手をパー（すべての指を広げる）にする。頭が悪いとか、バカだ、アホだという意味。日本国内において広く通用し、年齢にかかわらず用いられる。言語的に「クルクルパー」ないし略して「パー」とだけ言っても同様の意味になる。

「あかんべえ」は、人差指で目尻を引っ張ることで冗談半分に相手をからかう。中国には特に意味がない。

「高慢、なにかを鼻にかけている人」を表す場合は、両手のこぶしを重ねて鼻につける。日本では鼻が高いのは「高慢」である。中国では、こういうジェスチャーがない。

「恥しらず、あつかましい」を表す場合、中国では、右手の人差指を頬にあて、上から下にこする。その身振りは剃刀で顔の皮を削り取ることを表し、そこから「顔の皮が厚い」との意味を伝えようとするというように解釈されている。これについて、相原茂（2007）⑤も次のように指摘した。

「相手がみっともないことをした時、からかって"没羞"などと言いながら、人差指で後から前へと頬をこすります。これも日本にはないしぐさです。」

『紅楼夢』にもこういう描写がある。

④口里说着，忽一回身，只见林黛玉坐在宝钗身后抿着嘴笑，用手指头在脸上画着羞他。（《红楼梦》第二十八回）

それに対し、日本では、**「えくぼ・かわいい・スマイル・愛嬌」**を表す場合には中国の「恥知らず」のジェスチャーに似ている。片手の人差指を頬に、又は両手の人差指を両頬に突き立てる。

(7) 感情を示すハンド・ジェスチャー

「頭にきた・怒り」を示す場合は、両手の人差指を立てて頭の両脇につける。このしぐさは中国では、牛、羊のような角のある動物として受け止めやすい。また、「ほほをふくらます」も怒ったことを表す。中国では「ほほをふくらます」に似ている表現は、「口をすぼめる」ということである。中国語では「她将嘴噘得高高的」というと、つまり「彼女が怒った」という意味になる。また、左の掌を右手の拳で強く叩いて、同様の気持ちを表すこともある。

「恥ずかしい、照れる」を表す場合、手で頭をかく。中国では、「こまったなあ」の場合よくこのジェスチャーをする。

「あなたがすきだ」を表すとき、片目をつむり、ウインクする。中国では決まった意味がない。いたずらしてこうする場合があるかもしれない。

「だめ、失敗、けんか」というくやしい気持ちを示す場合は、人差指を交差して表す。「×」印が否定として使われる日本では、これがジェスチャーに転じたという。第三者のけんかを話題にする時も同じジェスチャーを使う。中国ではこれは数字「10」の意味になる。

2. 中国人に通じない日本のハンド・ジェスチャー

上記のいわゆる日本風のジェスチャー、あるいは中国風のジェスチャーと思われるものでも、実は日本に特有、あるいは中国に特有なものと断言できない。ここにおいては、ただ、日本と中国との非言語コミュニケーションの違いという立場で見ているということを断りたいと思う。

実は、金山（1983）[⑥]の世界 20 か国のしぐさの国際的な調査では、効果的に通じる可能性がきわめて大きいと見られるジェスチャーは、日本の場合は、次の 7 つあるという。

✪小指を立てる（女）

✪人差指をまげる（泥棒）

✪親指と人差指で丸を作る（ok）

✪小指と小指をからめる（指きりげんまん）

✪親指と人差指でアゴをつかむ（うーん）

✪人差指を唇にあてる（静かに）

✪人差指と中指を口の前で動かし、もう一方の手を下からそえる（食事）

それが、調査でわかったのは、日本独特と言えるのは、泥棒を表すジェスチャーだけである。これはあくまでも 20 か国の国際的な立場での結論であるが、日本と中国との対照という立場で見れば、日本特有なジェスチャー、つまり、中国では通じない、あるいは誤解されるものが多々あるジェスチャーをまとめると、表 1 の通りである。

表 1　中国人に通じにくい日本のジェスチャー

動作	意味
親指	男の恋人、上司
小指	女の恋人
曲げた人差指	泥棒、盗み
親指と人差指で作った輪	お金
クルクルパー	あほう
おちょこをもっている格好	酒を飲む
顔の前で立てた片手（両手）	依頼、感謝、謝罪
両手を前に出して手首をだらんと垂らす	幽霊
手の甲を頬に当てた「なよっ」とした	ゲイ、男の同性愛者
右手の拳を左手の掌に回す	ごますり
指で眉に唾をつける	信じない
両手のこぶしを重ねて鼻につける	傲慢
手を握り親指のみを立て、その親指で首を横になぞる	解雇する
両手の人差指を立てて頭の両脇につける	怒る
片目をつむる	あなたがすき
人差し指を交差させる	だめ、失敗、けんか

3. 日本人に通じない中国のハンド・ジェスチャー

また、同じ金山（1983）の調査では、中国で効果的に通じる可能性がきわめて大きいと見られるジェスチャーは、次の 5 つある。

✪親指を立てる（よし）

✪人差指を立てる（数字1）

✪人差指をまげる（数字9）

✪人差指と中指を立てる（数字2）

✪人差指を唇にあてる（静かに）

しかし、中国で指を使ったジェスチャーで特徴的なのは、数字を表すものだと同氏が指摘した。その中でも誤解されやすいのは、人差指をまげるジェスチャーである。これは中国では、「9」を表すが、日本では泥棒やスリを表すからである。中国語の研究者の上野（1988）⑦はこういうジェスチャーの異文化コミュニケーションの違いを経験したことがある。中国滞在中に、中国人が、今晩お邪魔しますからと言って、右手の人差指をカギ状に曲げられたことがあって、びっくりしたという話であった。実際は今晩9時にということであった。

また、中国で買い物をし、中国人の店員が「9」のつもりでこのジェスチャーをしたのに対し、「万引」の疑いをかけられたのかと怒った日本人もいたそうである。

日本人に通じない中国のジェスチャーはほかにいくつか見られる。表2のとおりである。

表2　日本人に通じない中国のジェスチャー

動作	意味
親指	すばらしい
小指	よくない、小さい
曲げた人差し指	数字9
人差し指と中指をからめる	数字10
指を指す	非難
人差し指を相手の額に軽く指す	親しみを表す
相手の鼻をこする	責める
人差し指を自分の頬に上下にする	あつかましい / ずうずうしい
テーブルを指でたたく	感謝
指をすりあわせる	お金

中日の非言語ジェスチャーを対照してみると、中国人に通じない日本のジェスチャーのほうが多いようである。なぜならば、中国の言葉は豊富で、

ジェスチャーは必要ではないのであろうか。

なお、どんな方法で異文化コミュニケーションのジェスチャーの違いを体系的に検討するか、という課題がまだたくさん残っている。

コラム　日本にいるアメリカ人の異文化の体験談

私はアパートに六人で住んでいます。この六人のうち、二人は外国人で四人は日本人です。この生活はとても面白くて、楽しいです。何より、この生活でたくさんの異文化間の違いを学ぶことができます。例えば、アパートで私たちは日本語と英語を使います。最初の一週間は英語週間、次の一週間は日本語週間です。それから、ご飯を一緒に作ったり、いろいろな話をしたり、お酒を飲んだり、ジョークを言ったりします。

さて、最近、アパートでパーティーをした時のことなのですが、本当に異文化間の違いを感じました。日本人のルームメイト達の考え方と私の考え方を比べてみたら、少し違いました。まず、私にとってのパーティーは、多くの友人と一緒にボリュームを上げた音楽でダンスをしたり、話をしたり、酒を飲んだりすることです。しかし、日本人のルームメイト達の考えるパーティーでは、音楽はあまり大切ではないし、ダンスもあまりしません。それよりもどんな食べ物を出すかが大事ですし、またアトラクション（添加节目）をしたりします。

また、パーティーの会費について話し合いをしましたが、意見が一致しませんでした。案の定、日本人のルームメイトは全てのゲストからお金を集めたかったのです。これは日本では普通だと思います。しかし、欧米では、もしパーティーに招待してあげるなら、それはプレゼントのようなもので、ゲストは無料です。私たちのパーティーのゲストは日本人も外国人もいましたから、その問題はちょっと難しかったです。でも、私たちは日本にいるから、日本人のやり方に従いました。

そして、パーティーの時間のことなのです。私の国では、ゲストがパーティーの場所に着いたら、さきにビールなどを出します。そのことは礼儀正しいです。しかし、日本のパーティーでは、決められた時間にみんなでいっしょに「かんぱい」をします。それで、「かんぱい」を待っている間、外国人はビールを飲めないからちょっと変な感じがしました。

観察・思考・分析をしてみよう

1. 日本のドラマや映画のシーンの中から、日本的なハンド・ジェスチャーの例をピックアップしなさい。
2. 異文化に触れる際には、ハンド・ジェスチャーだけでなく、それ以外の非言語行動で誤解を招いたりすることも少なくない（第3章、第4章を参照）。例えば、歩きながら食べることは中国でよく見かけるが、日本では行儀が悪いとされている。中日間のマナーの違いで誤解を招く例を調べ、そしてその背後にある文化的な違いを分析しなさい。

3. 非言語的な異文化の体験談があれば、クラスで共有しなさい。

注釈

① 御手洗昭治．異文化間にみる非言語コミュニケーション．ゆまに書房，2002.

久保安子．写真で見るジャスチャーの英語．明日香出版社，1995.

園田茂人．中国人の心理と行動．日本放送出版協会，2001.

東山安子，ほか．日米ボディートーク身ぶり・表情・しぐさの辞典．三省堂，2003.

古田暁，石井敏，監修．異文化コミュニケーション．改訂版．有斐閣ブックス，1897.

② http://allabout.co.jp/study/chinese/closeup/CU20041103A/index12.htm

③ 赤祖父哲二，ほか，編．日・中・英言語文化事典．マクミラン　ランゲージハウス，2000.

④ http://www.sina.com.cn

⑤ 相原茂．はじめての中国語「超」入門．ソフトバンク，2007.

⑥ 金山宣夫．世界 20 ヵ国ノンバーバル辞典．新装版．研究社出版株式会社，1983.

⑦ 上野恵司．中国語漫筆　ことばの文化 60 話．白帝社，1988.

第 16 章　体に関する俗信表現

❖俗信は文化によって特有な非言語の意味や解読、解釈がある。
❖日本と中国は同じような俗信があり、中日文化のつながりを表している。

第 16 章　与身体相关的民间信仰表达

❖民间俗信在不同文化中有其特有的非言语含义和解读。
❖中日两国民间存在着一部分相同的俗信，显示了中日文化之间的联系。

俗信は、日常生活を左右するものとして、世間で広く信じられてきた言い伝えや迷信。禁忌・予兆・占卜・呪術・諺・憑き物・妖怪など（『大辞林』）というものである。迷信は地域、特定集団、文化圏によって特有な非言語の意味があり、非言語コミュニケーションの範疇である。その中では、体に関する俗信表現もたくさん含まれている。例えば、耳が大きく、耳たぶがふっくらとしているのを「福耳」と言い、幸運をもたらすという俗信である。

本章においては、資料[①]を参考しながら、日常生活に広く伝えられている「人相」に関する俗信、生理現象の予兆、指切りの時の唱え文句にまつわる俗信を取り上げる。それによって、昔からの物の考え方、物事への見方、その背景にある文化、自然、歴史ないし審美意識などを新しい視点から捉える手掛かりとするところに意味があるのではないかと思われる。そして、中日間の文化的な異同を把握するために、中国語との対照もある程度してみた。

1.「人相」に関する俗信

(1)「福相、福耳」について

「人相」とは、人の顔つきということである。人の顔立ちを見て、その人の運命・吉凶などを占うことをも指している。「鼻の下の長い人は長命だ。」「鼻の頭に汗をかく人は気が弱い」「目尻の下がった者は助平だ。」「鼻の下が長い者は助平だ」などなど。ここにおいては、「福相、福耳」と顔立ちへの審美意識の変遷を中心として見ていく。

人相によって人の運命を探る方法は約3000年前に中国で発生したといわれている。中国にも日本にも人相と耳に関する共通する俗信がある。中国古来の人相学では、福相とは、なだらかで丸い曲眉、豊かな頬、大きな耳、強靱な体、清く張りのある声、と言われている。人相術では大きい耳を「垂肩耳」と言い、高貴な相として重視した。劉備が「大耳」「垂肩耳」であることは、『三國志演義』第1巻に見られ、よく知られている。日本語の辞書を調べると、福相とは、福々しい顔つき、裕福らしく見える人相であり（『大辞林』）、中国の人相学と同じような旨のことが書かれている。裕福らしく見える人相はどんな人相であろうか。耳たぶが大きく、肉の厚い耳をもっている仏様のような顔を指しているようである。耳が大きく、耳たぶがふっくらとしている耳、つまり仏陀のような耳は大きな特徴と言えるのだろう。「耳の大きい人は裕福になる」「耳の大きい人は金持ちになる」といわれているように、このような耳を「福耳」と言い、幸運をもたらすと思われ、人から畏敬される。その逆にやせこけた顔は貧相だと思われる。その理由はなんであろうか。

まず、昔の時代にあっては、腹いっぱい食べることは金持ちにしか許されないぜいたくであった。耳たぶが大きく、太り顔が福相、福耳とは、ある程度、事実に近いためだったと考えられる。次に、耳は心臓と密接な関係があると考えられ、耳が大きくて耳たぶも大きい人は精神的にあまり緊張することがなく、何事につけても気にせずに、スケールが大きいということで、長生きの人は大きな耳の持ち主が多いと言われている。

「福耳」を福相とする俗信は、「仏像崇拝」にも関係があるのではないかと思われる。仏像は、顔も身体つきも国や時代によって異なるが、大きな耳をもっているのは共通するところである。日本の仏教がもっとも盛んな四つの時代の代表的な仏像を見てみよう

①

②

③

④

①は、法隆寺釈迦三尊像の中央の「観世音菩薩」の像で、飛鳥文化の代表的なものである。釈迦三尊像は、仏教が日本に伝来して初めて作られた仏像の一つである。中国・北魏などの仏像に源流が求められている。②は、白鳳文化の彫刻の代表としての興福寺の仏頭である。③は、東大寺の大仏で、天平文化を代表する彫刻で、中国から鋳仏師を招き、造ったとのことである。④は、平等院鳳凰堂の本尊阿弥陀如来像で、国風文化の代表的なものである。これらの仏像の共通的な特徴は、いずれも、大きな耳を持ち、頬がまるく張った円満な顔である。仏教では、御仏の耳が大きくなっているのは、多く聴くためであり、一つも聴き逃さないためである。

大きな耳を持っていて、御仏に似ているということで、大きい耳をもっているのは福相だという認識が形成されてきたのではないかとも考えられる。

人相を見ること、福相、貧相という考えは、いまから見ると、「迷信」と思われやすいが、たしかに自然科学などの領域とその点で対立するところがあるが、少なくとも昔から人間の自分への観察、認識を表していると思われる。

もちろん、人間の自分への観察、認識は、時の流れに従って変わりつつある。実際には、いわゆる貧相で成功者になったり金持ちになる人も少なくない。逆に、俗に福相と思われる人でも貧乏になる人も多い。それに、食生活の変化にかかわりがあるにちがいない。食生活が豊かになっている今日、太り始め、身体の脂肪成分もどんどん高まっている現代人にとって、豊かで、大仏のような顔はいい顔と思われなくなるのであろう。むしろ、「痩せた」と言われたほうが喜ぶであろう。

江戸の小説では、相手を喜ばせようとするために、「時にあなたはこの前お目にかかったときより大分おふとりになりました」と言う[②]。つまり「ふとった」というのはほめ言葉であった。「福耳」という俗信はいまでも中国語の日常コミュニケーションにも日本語のコミュニケーションにもよく出ている。例えば、

① 看起来马三立是个普通的瘦老头子，但他的一对耳朵特别大，“耳大福大”[③]。

② 老朱给他算命说：“这小子命好，耳大福大，你看他这两个耳朵，多像刘备那垂肩追风耳，命相好着咧。”[④]

③ 贤弟耳大福大 , 有福娶了个大美女，我是艳羡并祝贺你呀！[⑤]

④ 水泡子常常摸着耳朵，半真半假地自怨自艾：“耳大福大、耳小命薄……”。（蒋濮：《水泡子》）

⑤ 金運や福運に恵まれるとされる「福耳」なんですが、七福神の恵比寿様やら大黒天様やらの耳を、浅田真央選手は持っていたんだなぁと。[⑥]

(2) 目鼻立ちについて

歴史的には「美人顔」「美男子顔」への認識は一定ではなく変化している。「目は面の飾り」であるが、日本では古くは「引き目鉤鼻（かぎばな）」、つまり、男女とも細い目が美しいとされたようである。12 世紀の源氏物語絵巻などの絵巻物において貴族は引き目鉤鼻に描かれている。「引き目鉤鼻」は、やまと絵の作絵系絵画の人物面貌表現法で、眼を一本の線で引き、鼻を「く」の字 (鉤形) にすること。しかし、江戸時代になると、「男の目には糸を張れ、女の目には鈴をはれ」と言って、男は細くまっすぐな目がよく、女はぱっちりと丸い目がよいとされた。「男の子は一重まぶた、女の子は二重まぶ

たがよい」という意味である。

審美は人によっても異なる。夏目漱石は、『それから』の中の主人公長井代助が、愛している女性の目のついて、次のように描いている。

> 三千代は美しく線を綺麗に重ねた鮮やかな二重まぶたを持っている。目の格好は細長いほうであるが、瞳を据えてじっと物を見る時に、それが何かの具合で大変大きく見える。

千代は、伝統的美しさと現代的な美しさを結合させた美人と言えるのだろう。古典的な細長い目と現代風の二重まぶたを持っているからである。

目鼻立ちへの俗的な審美はその背後にあるその時代の社会を表している。表情の豊かさを良いものとしていなかった昔の日本では、細い目は、きれいで深い感情を表現できる含みのある目であった。口についても、昔の日本では、口は小さく閉じられて、「おちょぼ口」が美人の口だったが、現代では、口を大きく開けた女性も人気がある。顔の特徴への好みも時代によって変化してきた。江戸時代は瓜実顔、明治期はふっくらとした健康的な丸ぽちゃ顔、大正期には大きいが憂いを含んだ眼、昭和には、ダイナミックな、表情などの反映されやすい、目や口の大きめな顔、七〇年代になると、丸顔で眼が大きく、鼻の小さな「幼型」顔、つまり子どものようなかわいい顔が好まれてきた、ということである。

また、カネボウ化粧品の美容研究所が 20 代から 40 代を対象に意識調査をした（産経新聞　2006 年 5 月 2 日）。それによると、若い女性の理想の顔は童顔、厚い唇、曲線的な眉だそうである。これは「若い世代の、童顔や厚い唇、曲線的な眉への志向は、「かわいい」がキーワードになっている現代の世相を反映している」と分析している。また、「個性の時代と言われる割には、自己主張したがらない若者像がうかがえる」ということである。

いずれにしても、昔も今も求められる美人の理想像の背景は、歴史的、文化的要素に大きなかかわりがあることは否めない。

2．生理現象の予兆についての俗信

日本にも中国にもある体の器官に生じる生理現象は、なんらかの働きかけを意図しているというような俗信がある。中日両言語に共通的なものもあれば、異なるものもある。ここにおいては、今も日常的に伝えられている耳、目の動き、くしゃみという生理現象の予兆についての俗信を検討する。

日本には、「耳が朝かゆいと、いい話を聞く」という言い伝えがある、中国にも耳が熱くなると、だれかに噂されているというような耳に関する俗信がある。中国ではまた、目の動きに関する俗信もある。昔から「左眼跳财，右眼跳灾」（まぶたが動いたらなにか予見できるという俗信である。「左のまぶたが動いたら財、右のまぶたが動いたら災になる」という意味。）、これは非常に広く伝えられているのである。日本語にも「まぶたがぴくぴく動く」という言い方があるようであるが、何か意味しているのか。調査したら、日本ではまぶたがどうこうしたから何か幸運、不運に繋がる迷信は無い。睡眠不足でまぶたが痙攣したり、神経質な人が絶えず瞬きはするが、まぶたの運動に関する迷信はない、という結果である。

くしゃみについての俗信もある。くしゃみは、本来鼻の粘膜が刺激されて起こる、反射的に激しく息を吐き出す生理現象であるが、なぜかくしゃみをすると早死にするという俗信があって、「くさめくさめ」と繰り返し言うと早死にを免れると言われた。この俗信は昔から言い伝えられている。『徒然草』の第四十七段には、くさめについて、「或人、清水へ参りけるに、老いたる尼の行き連れたりけるが、道すがら、　『くさめくさめ』と言ひもて行きければ、『尼御前、何事をかくはのたまふぞ』と問ひけれども、応へもせず、なほ言ひ止まざりけるを、度々問はれて、うち腹立ちて『やゝ。鼻ひたる時、かくまじなはねば死ぬるなりと申せば、養君の、比叡山に児にておはしますが、ただ今もや鼻ひ給はんと思へば、かく申すぞかし』と言ひけり。」と書いてあった。その意味は、ある人が清水寺にお詣りに出かけた。一緒についてきたばばあの尼さんが道すがら、「くさめ、くさめ」と言い続けて止まない。「ばばあ、何をそんなにのたまわっているんだ」と尋ねても、ばばあの尼さんは返事をしないで、気がふれたままだ。何度も尋ねられ、ばばあの尼さんも逆上して、「うるさい。答えるのもめんどくさい。くしゃみをしたときに、このおまじまいをしなければ、死んでしまうと世間では言ってるでしょうが。あたしが、めんどう見た子が偉くなって比叡山で勉強しているんですよ。その子が今くしゃみをしたかも知れないと思うと、気になってしょうがないから、こうやっておまじないをしているのさ」と言った⑦。

それに、くしゃみが、「一ほめられて、二憎まれ、三惚れられて、四風邪ひく」というように前触れとしても言い伝えられている。例えば、

⑥「は…っくしょん。」あー、くしゃみがでる。

「あれ？兄貴風邪？」

「うーん。違うと思うけど何かでるんだよなぁ。」

「どっかで噂されてんじゃねーの。」

「噂かぁ、それは考えてなかった。でも噂されるとくしゃみが出るって本当か?一回目が良い噂で、二回目が悪い噂、三回出たら恋愛事だっけ?」⑧

中国においては、「くしゃみ」の前触れについて、民間には、「一想，二骂，三感冒。」とか、「一想，二骂，三念叨」というような俗言がある。いまでも日常会話によく出ている。例えば、

⑦“哈啾——”天气炎热，凌柏宥却冷不防地打了个大喷嚏。怪了，怎么会这样?（略）“嘻，那打喷嚏，不就代表有人想你?”⑨

中国では、くしゃみについての俗信はずっと日本のよりも昔から言い伝えられている。いまから3000年ほど前の中国最古の詩集である《诗经》に、「寤言不寐，愿言则嚏」という言葉が見られる。陳子展の解釈によると、「醒来了可睡不成，我思念了就喷嚏」（わたしは寝られないが、汝に思われてくしゃみをする）という意味である。また、宋の時代の苏轼《元日》诗において「晓来频嚏为何人」（朝しきりにくしゃみをするのはだれのためか)

と書いてある⑩。

以上から、中国と日本はくしゃみについて、同じような俗信をもっていることがわかる。ただし、そのつながりはどうであろうか、これからの課題になると思う。

体に関する日本語の俗信表現は豊富である。本章では、ただ、日常生活に広く伝えられている「人相」に関する俗信、生理現象の予兆に限っていたが、その検討によって、昔からのものの考え方、物事への見方、その背景にある文化、自然、歴史ないし審美意識などを文化の源を窺うこともできるのではないのかと思われる。

それと同時に日本のものに対する中国の俗信の検討も試みた。まとめるとだいたい次のようなものが見られる。

1）体に関する俗信がまったく同じであるもの（福耳、福相など）。

2）中日文化のつながりを表しているもの。（くしゃみ、耳の感じなど）。

コラム　結婚ギフトお祝いのタブー	
中国のタブー	日本のタブー
時計を贈る 置時計、掛け時計のことを中国で「钟」という。「時計」を贈るなら、「送钟」。これが発音上は「送终」（死者を送る）と同じなので新郎新婦に置時計、掛け時計をみやげとして送ったら不吉とされている。	**刃物を送る** 包丁やハサミなどは「縁が切れる」ということをイメージさせるため、お祝いの品としてはマナー違反とされている。
中国では伝統的には偶数がよい数字である。贈り物はセットである場合、「好事成双」（よいことはセットで訪れる ）に示されるように、奇数を避けて二つにされる場合が多いようである。	日本では「死」を連想させることから、4が不吉な数字となっている。このため、贈り物を贈る際も4という数字は避けた方がよい。

観察・思考・分析をしてみよう

1．次の日本語の言い伝えは体に関する俗信である。昔の日本人の考え方を理解する一環として、その起源と内容を調べなさい。

✪夜中につめを切ってはいけない

✪下の歯は屋根の上・上の歯は縁の下

✪ウソをつくと閻魔様に舌を抜かれる

コメント

「夜中につめを切ってはいけない」は、昔は夜になると、明かりもほとんどないので暗くなり、物がよく見えない状態になる。そんな中つめを切ると、刃物で怪我をしてしまい、そこから雑菌が入り破傷風になってしまう。それを防ぐための迷信と言われている

「下の歯は屋根の上・上の歯は縁の下」は、抜けた乳歯を処理する方法である。下の歯は屋根に向かって力強く、上の歯は地面に向かってまっすぐ生えるようにという意味がある。

「ウソをつくと閻魔様に舌を抜かれる」は、嘘をついていると、閻魔様の裁きを受け、舌を抜かれることになると、子どもたちを驚かせ戒めた言葉である。嘘をつくのは悪いからやめなさいという意味である。

2. 中国の体に関する俗信を調べなさい。
3. 体に関する俗信以外に、中日間になにか俗信があるのか。
4. 誤解を招きやすいタブーがあるかどうか調べなさい。たとえば：

お見舞い・退院祝いにはタブーの花

結婚式におけるタブー（避けるべき話題など）

食事のときのタブー（二人箸など。二人箸というのは、二人一緒に一つの食べ物を挟む行為のことで、日本ではお骨を拾うときの動作を連想させるためタブーとされているが、中国では、一緒に食べている人が料理が繋がって切れずに困っている場合は、二人箸で助けることが問題ないであろう。）

注釈

① 赤祖父哲二，ほか．日・中・英文化辞典．マクミランランゲージハウス，2000.

小川陽一．明清の肖像画と人相術—明清小説研究の一環として—．東北大学中国語学文学論集．第4号，1999.

宮田登，ほか．日本民俗文化体系・全4巻．小学館刊，1983.

歴史総合資料集．明伸社．

乌丙安．中国民俗学．辽宁大学出版社，1983.

钟敬文．中国咒文化大观·序言．百花文艺出版社，1999.
② 金田一春彦．日本語を反省してみませんか．角川書店，2002.
③ http://www.gmw.cn/01ds/2001-02/21/GB/2001%5E339%5E0%5EDS407.htm
④ club.book.sina.com.cn/yccompete/chapter.php?id=111622
⑤ wt.cnend.net/view_book.asp?id=1015564
⑥ http://figure.videopalace.net/2008/03/25/asada-mao-46.html
⑦ http://www.tsurezuregusa.com/index.html
⑧ http://www1.seaple.icc.ne.jp/takasma/novel11.html
⑨ http://www.readnovel.com/novel/7329.html)
⑩ http://zhidao.baidu.com/question/376431.html